Colección <Gramática sistemática del español> 1
Pronunciación y ortografía

Hideki Terasaki

Editorial Daigakusyorin

<スペイン語文法シリーズ> 1

発音・文字

寺﨑　英樹　著

東京　大学書林　発行

「スペイン語文法シリーズ」刊行のことば

　近年わが国ではさまざまのスペイン語の入門書や教科書，参考書が続々と刊行されており，選択に困るほどである．しかし，初級段階を終えた後，中級・上級の参考書やスペイン語学の専門書を探そうとするとほとんど見つからないという状況は以前とあまり変わっていない．そうした中でこの『スペイン語文法シリーズ』は，初級段階を終えたスペイン語の学習者の方々に基本的知識の整理とその上の段階の知識を提供することを主な目的とする．同時に，最近の新しいスペイン語学の成果もなるべく取り入れて教育・研究や実務に携わっている方々やスペイン語に関心を持つ一般読者の方々にも参考となるようスペイン語文法全般について主要な事項をなるべくわかりやすく提示することを目標としている．

　このような企てに取り組みだした際，一つの刺激となったのは 1990 年代以降スペイン王立学士院（アカデミア）が辞書と文法の両面で活発な出版活動を行っていることであった．具体的には，近年のスペイン語研究の成果を集大成した『スペイン語記述文法』全 3 巻 (1999)，いわゆるアカデミア文法として約 80 年ぶりの改訂となった『スペイン語新文法』全 2 巻 (2010) および 11 年ぶりの『スペイン語正書法』(2010) の刊行などが挙げられる．特にアカデミア文法はスペイン語の文法を多少なりとも専門的に勉強しようとすれば必読の書であるが，最新版は何しろ浩瀚な書である上に規範的というより記述的な傾向が強く，基礎的な言語学やスペイン語学の知識がないと読みこなすのはかなり骨が折れる．アカデミア文法にはより簡略な 2 つの版もあるが，簡略化されているだけにかえって理解しにくくなっている面もある．本書は，これらの文法書の基本的で重要と思われる点を取り入れ，アカデミア文法に直接アプローチするための橋掛かりとなるような役割を果たすことも目指している．ただし，アカデミアのとる理論の枠組みや説明を全面的に受け入れるわけではない．本シリーズの根底にあるのは言語事実に基づく記述言語学的な立場であり，ある特定の文法理論に偏ることなく，またスペイン語学特有の枠だけにとらわれず，英語や特に日本語との対照という視点もできるだけ取り入れる方針である．なお，本シリーズの対象とするのはスペインとイスパノアメリカ（いわゆる中南米）地域，どちらのスペイン語も含

刊行のことば

んでいる.

　このシリーズは全6巻で構成され,逐次刊行する予定である.本シリーズの刊行を後押しして下さった大学書林佐藤政人氏およびスタッフの方々に深く感謝申し上げる.

2017年9月

寺﨑　英樹

まえがき

本書は「スペイン語文法シリーズ」の第1巻「発音と文字」である．もっと厳密に言うと，スペイン語の音韻および正書法についての概説書である．スペイン語の発音を習得するには母語話者についてそれをまねるのが早道であるが，音声に関する理論的な知識がある程度あれば聞いたものを理解する上で大きな助けになることは間違いない．しかし，スペイン語を教える学校では限られた時間の中で的確な発音指導が行われているとは言い難く，入門書・教科書では初めに簡単な説明が載っているだけで十分な知識が得られないことが多い．正書法に関しても事情はあまり変わらない．それを体系的に学ぶ機会はほとんどないのが実情である．

こうした空白を埋めるため，本書はスペイン語の音韻と正書法についてあまり専門的知識のない読者のための入門書であると同時にスペイン語学に関心を持つ読者のための参考書として，役立つことを目指している．「Ⅰ．音韻」では音声学と音韻論を基礎においてスペイン語の音声およびアクセント，音調などの韻律的特徴を取り上げ，「Ⅱ．正書法」では文字と音声の関係，正書法で用いられる記号，大文字と小文字，略語や外来語，数表現など各種の語彙の正書法の問題を取り上げる．

本書の音声表記は1996年更新された国際音声記号（IPA）を用い，アカデミアの『新スペイン語文法，音声学・音韻論編』（2011）におおむね準拠している．巻末には参考のためスペイン式（ARFE）の記号も対照表として載せた．正書法の規則については最新のアカデミア『スペイン語正書法』（2010）を参照している．

本書を刊行するに際して草稿の段階でスペイン語音声学専攻の高澤美由紀氏に目を通していただき，貴重なコメントを頂いた．御好意に心から感謝申し上げる．しかし，本書に誤りや不適切な箇所があるとすれば筆者の責任であることは言うまでもない．また，本書中の図版作成については一部を著者自身が行い，大部分は寺﨑誠樹・綾乃夫妻の協力を仰いだ．合わせて謝意を表したい．

2017年9月

著　者

目　　次

Ⅰ．音韻 ………………………………………………………………………… 1

1．言語音と音声器官 …………………………………………………………… 2
  1.1.　言語音 ……………………………………………………………………… 2
    ＜参考1＞　吸着音 ………………………………………………………… 2
  1.2.　音声学と音韻論 ………………………………………………………… 2
  1.3.　音声学の分野 …………………………………………………………… 3
  1.4.　音声学の単位 …………………………………………………………… 3
  1.5.　音声器官 ………………………………………………………………… 4
  1.6.　呼吸 ……………………………………………………………………… 5
  1.7.　発声 ……………………………………………………………………… 5
  1.8.　調音 ……………………………………………………………………… 6
    ＜参考2＞　舌 ……………………………………………………………… 8
  1.9.　音の物理的性質と知覚 ………………………………………………… 8

2．音声表記 ……………………………………………………………………… 10
  2.1.　音声記号 ………………………………………………………………… 10
  2.2.　簡略表記と精密表記 …………………………………………………… 11
  2.3.　辞書の音声表記 ………………………………………………………… 12

3．音素 …………………………………………………………………………… 14
  3.1.　音素と異音 ……………………………………………………………… 14
  3.2.　弁別素性 ………………………………………………………………… 16
    3.2.1.　弁別素性の種類 …………………………………………………… 16
    3.2.2.　子音性，共鳴音性および喉頭素性 …………………………… 16
    3.2.3.　調音域に関わる弁別素性 ………………………………………… 17
    3.2.4.　調音法に関わる弁別素性 ………………………………………… 19
    ＜参考3＞　生成音韻論 ………………………………………………… 19

4．母音 …………………………………………………………………………… 20
  4.1.　母音の特徴 ……………………………………………………………… 20
  4.2.　母音の分類基準 ………………………………………………………… 20
    4.2.1.　舌の上下の位置 …………………………………………………… 20

目　　次

4.2.2.　舌の前後の位置 ⋯⋯⋯⋯⋯⋯⋯⋯⋯⋯⋯⋯⋯⋯⋯ 21

4.2.3.　唇の丸めの有無 ⋯⋯⋯⋯⋯⋯⋯⋯⋯⋯⋯⋯⋯⋯⋯ 21

4.3.　基本母音 ⋯⋯⋯⋯⋯⋯⋯⋯⋯⋯⋯⋯⋯⋯⋯⋯⋯⋯⋯⋯ 22

4.4.　基本母音とスペイン語の母音の対比 ⋯⋯⋯⋯⋯⋯⋯⋯ 24

4.5.　スペイン語の母音 ⋯⋯⋯⋯⋯⋯⋯⋯⋯⋯⋯⋯⋯⋯⋯⋯ 24

4.5.1.　スペイン語の母音体系 ⋯⋯⋯⋯⋯⋯⋯⋯⋯⋯⋯⋯ 24

4.5.2.　スペイン語の母音音素 ⋯⋯⋯⋯⋯⋯⋯⋯⋯⋯⋯⋯ 25

A.　/i/ ⋯⋯⋯⋯⋯⋯⋯⋯⋯⋯⋯⋯⋯⋯⋯⋯⋯⋯⋯⋯ 25

B.　/e/ ⋯⋯⋯⋯⋯⋯⋯⋯⋯⋯⋯⋯⋯⋯⋯⋯⋯⋯⋯⋯ 25

C.　/a/ ⋯⋯⋯⋯⋯⋯⋯⋯⋯⋯⋯⋯⋯⋯⋯⋯⋯⋯⋯⋯ 26

D.　/o/ ⋯⋯⋯⋯⋯⋯⋯⋯⋯⋯⋯⋯⋯⋯⋯⋯⋯⋯⋯⋯ 26

E.　/u/ ⋯⋯⋯⋯⋯⋯⋯⋯⋯⋯⋯⋯⋯⋯⋯⋯⋯⋯⋯⋯ 27

＜参考 4 ＞　日本語のウ ⋯⋯⋯⋯⋯⋯⋯⋯⋯⋯⋯⋯ 28

4.5.3.　母音の変異 ⋯⋯⋯⋯⋯⋯⋯⋯⋯⋯⋯⋯⋯⋯⋯⋯ 28

A.　出現する環境による母音の変異 ⋯⋯⋯⋯⋯⋯ 28

B.　無強勢音節における母音の変異 ⋯⋯⋯⋯⋯⋯ 29

＜参考 5 ＞　日本語の母音の無声化 ⋯⋯⋯⋯⋯⋯ 29

＜参考 6 ＞　母音 /e/, /o/ の異音記述 ⋯⋯⋯⋯⋯ 30

4.6.　スペイン語の母音連続 ⋯⋯⋯⋯⋯⋯⋯⋯⋯⋯⋯⋯⋯⋯ 30

4.6.1.　母音連続の種類 ⋯⋯⋯⋯⋯⋯⋯⋯⋯⋯⋯⋯⋯⋯ 30

4.6.2.　二重母音 ⋯⋯⋯⋯⋯⋯⋯⋯⋯⋯⋯⋯⋯⋯⋯⋯⋯ 31

A.　二重母音の種類 ⋯⋯⋯⋯⋯⋯⋯⋯⋯⋯⋯⋯⋯ 31

B.　周辺母音の子音化 ⋯⋯⋯⋯⋯⋯⋯⋯⋯⋯⋯⋯ 32

4.6.3.　三重母音 ⋯⋯⋯⋯⋯⋯⋯⋯⋯⋯⋯⋯⋯⋯⋯⋯⋯ 34

＜参考 7 ＞　日本語の母音連続 ⋯⋯⋯⋯⋯⋯⋯⋯ 34

4.6.4.　母音接続 ⋯⋯⋯⋯⋯⋯⋯⋯⋯⋯⋯⋯⋯⋯⋯⋯⋯ 34

4.6.5.　同母音の連続 ⋯⋯⋯⋯⋯⋯⋯⋯⋯⋯⋯⋯⋯⋯⋯ 35

＜参考 8 ＞　母音接続の二重母音化および二重母音・三重母音の

母音接続化 ⋯⋯⋯⋯⋯⋯⋯⋯⋯⋯⋯⋯⋯⋯⋯⋯ 35

4.7.　スペイン語の母音体系の特徴 ⋯⋯⋯⋯⋯⋯⋯⋯⋯⋯⋯ 36

5.　子音 ⋯⋯⋯⋯⋯⋯⋯⋯⋯⋯⋯⋯⋯⋯⋯⋯⋯⋯⋯⋯⋯⋯⋯⋯ 38

5.1.　子音とその分類 ⋯⋯⋯⋯⋯⋯⋯⋯⋯⋯⋯⋯⋯⋯⋯⋯⋯ 38

目　　次

5.1.1.　子音の特徴と分類基準 ……………………………………………… 38

5.1.2.　声帯の活動 …………………………………………………………… 38

5.1.3.　調音法 …………………………………………………………………… 38

5.1.4.　調音域 …………………………………………………………………… 40

5.2.　スペイン語の子音体系 ……………………………………………………… 42

5.2.1.　北部体系とS音化体系 …………………………………………… 42

　　＜参考9＞　スペイン語の方言 ………………………………………… 43

5.2.2.　スペイン語子音の変異 …………………………………………… 44

5.3.　スペイン語の子音音素 ……………………………………………………… 44

5.3.1.　閉鎖音 …………………………………………………………………… 44

　　A.　/p/ ……………………………………………………………………… 44

　　B.　/b/ ……………………………………………………………………… 45

　　C.　/t/ ……………………………………………………………………… 46

　　D.　/d/ ……………………………………………………………………… 46

　　E.　/k/ ……………………………………………………………………… 47

　　F.　/g/ ……………………………………………………………………… 48

　　＜参考10＞　帯気音化 ………………………………………………… 49

5.3.2.　摩擦音 …………………………………………………………………… 49

　　A.　/f/ ……………………………………………………………………… 49

　　B.　/θ/ ……………………………………………………………………… 50

　　C.　/s/ ……………………………………………………………………… 51

　　D.　/j/ ……………………………………………………………………… 52

　　E.　/x/ ……………………………………………………………………… 54

5.3.3.　破擦音 /t͡ʃ/ …………………………………………………………… 55

5.3.4.　側面接近音 …………………………………………………………… 56

　　A.　/l/ ……………………………………………………………………… 56

　　B.　/ʎ/ ……………………………………………………………………… 57

5.3.5.　鼻音 ……………………………………………………………………… 58

　　A.　/m/ ……………………………………………………………………… 58

　　B.　/n/ ……………………………………………………………………… 58

　　C.　/ɲ/ ……………………………………………………………………… 60

5.3.7.　R音（顫動音）…………………………………………………………… 60

— vi —

目　　次

　　　　A.　/ɾ/ ……………………………………………………… 60
　　　　B.　/r/ ……………………………………………………… 61
　　5.4.　スペイン語子音体系の特徴 …………………………… 63
　　　　＜参考 11 ＞　イベロロマンス語 ……………………… 64
6．音節 ………………………………………………………… 65
　　6.1.　音節とは ……………………………………………… 65
　　6.2.　音節の構造 …………………………………………… 66
　　6.3.　スペイン語の音節構成素 …………………………… 67
　　　　6.3.1.　音節核部 ……………………………………… 67
　　　　6.3.2.　音節頭部 ……………………………………… 67
　　　　6.3.3.　音節尾部 ……………………………………… 69
　　6.4.　音節の類型と頻度 …………………………………… 71
　　　　＜参考 12 ＞　日本語の音節 …………………………… 72
　　6.5.　音節区分と音節境界 ………………………………… 72
　　　　6.5.1.　音節区分 ……………………………………… 72
　　　　6.5.2.　重複子音 ……………………………………… 73
　　6.6.　再音節化 ……………………………………………… 74
7．アクセント ………………………………………………… 75
　　7.1.　アクセントとは ……………………………………… 75
　　7.2.　スペイン語のアクセント …………………………… 75
　　　　＜参考 13 ＞　ラテン語のアクセント ………………… 76
　　7.3.　語アクセントと統語的アクセント ………………… 77
　　7.4.　スペイン語のアクセント型 ………………………… 77
　　7.5.　アクセント位置の変異 ……………………………… 78
　　7.6.　強勢語と無強勢語 …………………………………… 80
　　　　7.6.1.　アクセント句の構成 ………………………… 80
　　　　7.6.2.　強勢語の種類 ………………………………… 80
　　　　7.6.3.　無強勢語の種類 ……………………………… 81
　　　　7.6.4.　強勢語の無強勢化 …………………………… 82
　　7.7.　韻脚 …………………………………………………… 83
　　7.8.　いわゆる第2アクセント …………………………… 84
8．リズム ……………………………………………………… 86

— vii —

目　　次

8.1.　リズムの種類 86
　8.1.1.　強勢リズム言語 86
　8.1.2.　音節リズム言語 86
8.2.　スペイン語のリズム 87
　＜参考 14 ＞　日本語のリズム 87

9.　音調 89
9.1.　音調とその機能 89
9.2.　音群とその構造 89
9.3.　音調のパターン 90
　9.3.1.　音調素の類型 90
　　A.　下降調 91
　　B.　上昇調 91
　　C.　平板調 92
　9.3.2.　2 音群以上で構成される発話の音調 92
　＜参考 15 ＞　音調の表示方式 93
　＜参考 16 ＞　スペイン語と声の高さ 94

Ⅱ.　正書法 95
10.　文字と正書法 96
10.1.　正書法とは 96
10.2.　正書法の理念と原則 96
　＜参考 17 ＞　ルーマニア語の正書法 97
10.3.　スペイン語正書法の歴史 98
　10.3.1.　アルフォンソ正書法 98
　10.3.2.　アカデミア正書法以後 99
　　A.　アカデミアの創立と出版 99
　　B.　18 ～ 19 世紀のアカデミア正書法改革 100
　　C.　ベリョの正書法改革 100
　　D.　20 世紀以降のアカデミア正書法改革 101
10.4.　スペイン語の文字 101
　10.4.1.　アルファベット 101
　10.4.2.　二重字 102
　＜参考 18 ＞　文字素 103

— viii —

目　　次

10.5. 音素と文字の対応 ⋯⋯⋯⋯⋯⋯⋯⋯⋯⋯⋯⋯⋯⋯⋯⋯⋯⋯⋯⋯ 104
  10.5.1. 母音音素 ⋯⋯⋯⋯⋯⋯⋯⋯⋯⋯⋯⋯⋯⋯⋯⋯⋯⋯⋯⋯⋯⋯⋯ 104
    A. 母音音素が常に一つの文字単位で表記される場合 ⋯⋯⋯⋯ 104
    B. 母音音素が複数の文字単位で表記される場合 ⋯⋯⋯⋯⋯ 104
  10.5.2. 子音音素 ⋯⋯⋯⋯⋯⋯⋯⋯⋯⋯⋯⋯⋯⋯⋯⋯⋯⋯⋯⋯⋯⋯⋯ 105
    A. 子音音素が常に一つの文字単位で表記される場合 ⋯⋯⋯⋯ 105
    B. 子音音素が複数の文字単位で表記される場合 ⋯⋯⋯⋯⋯ 106
  10.5.3. 文字 h ⋯⋯⋯⋯⋯⋯⋯⋯⋯⋯⋯⋯⋯⋯⋯⋯⋯⋯⋯⋯⋯⋯⋯⋯ 110
    A. 黙音の h ⋯⋯⋯⋯⋯⋯⋯⋯⋯⋯⋯⋯⋯⋯⋯⋯⋯⋯⋯⋯⋯⋯ 110
    B. h と j の交替 ⋯⋯⋯⋯⋯⋯⋯⋯⋯⋯⋯⋯⋯⋯⋯⋯⋯⋯⋯⋯ 111
  10.5.4. 文字 x ⋯⋯⋯⋯⋯⋯⋯⋯⋯⋯⋯⋯⋯⋯⋯⋯⋯⋯⋯⋯⋯⋯⋯⋯ 112
  10.5.5. 語頭の学識語的子音群 ⋯⋯⋯⋯⋯⋯⋯⋯⋯⋯⋯⋯⋯⋯⋯⋯ 113
10.6. 文字と音素の対応 ⋯⋯⋯⋯⋯⋯⋯⋯⋯⋯⋯⋯⋯⋯⋯⋯⋯⋯⋯⋯ 114
  10.6.1. 単一の文字と音素の対応 ⋯⋯⋯⋯⋯⋯⋯⋯⋯⋯⋯⋯⋯⋯⋯ 114
  10.6.2. 二重字と音素の対応 ⋯⋯⋯⋯⋯⋯⋯⋯⋯⋯⋯⋯⋯⋯⋯⋯⋯ 115
10.7. 外来語の例外的表記 ⋯⋯⋯⋯⋯⋯⋯⋯⋯⋯⋯⋯⋯⋯⋯⋯⋯⋯⋯ 116
10.8. 語形変化に伴う正書法変化 ⋯⋯⋯⋯⋯⋯⋯⋯⋯⋯⋯⋯⋯⋯⋯ 116
  10.8.1. /k/, /θ (s)/, /g/ および /x/ の表記 ⋯⋯⋯⋯⋯⋯⋯⋯⋯⋯ 117
  10.8.2. 二重母音 /ie/, /io/ の表記 ⋯⋯⋯⋯⋯⋯⋯⋯⋯⋯⋯⋯⋯ 117
  10.8.3. 二重母音 /ue/ の表記 ⋯⋯⋯⋯⋯⋯⋯⋯⋯⋯⋯⋯⋯⋯⋯⋯ 118

11. アクセント記号 ⋯⋯⋯⋯⋯⋯⋯⋯⋯⋯⋯⋯⋯⋯⋯⋯⋯⋯⋯⋯⋯⋯ 119
11.1. アクセント記号とその使用原則 ⋯⋯⋯⋯⋯⋯⋯⋯⋯⋯⋯⋯⋯ 119
  ＜参考 19 ＞　アクセント記号の歴史 ⋯⋯⋯⋯⋯⋯⋯⋯⋯⋯⋯ 121
11.2. 識別的アクセント記号 ⋯⋯⋯⋯⋯⋯⋯⋯⋯⋯⋯⋯⋯⋯⋯⋯⋯⋯ 121
  11.2.1. 単音節の同音異義語を区別する場合 ⋯⋯⋯⋯⋯⋯⋯⋯⋯ 122
  11.2.2. 機能語の品詞を区別する場合 ⋯⋯⋯⋯⋯⋯⋯⋯⋯⋯⋯⋯ 122
  11.2.3. 同一語で強勢形・無強勢形を区別する場合 ⋯⋯⋯⋯⋯⋯ 124
  ＜参考 20 ＞　アクセント記号が廃止された語 ⋯⋯⋯⋯⋯⋯⋯ 124

12. 正書法記号 ⋯⋯⋯⋯⋯⋯⋯⋯⋯⋯⋯⋯⋯⋯⋯⋯⋯⋯⋯⋯⋯⋯⋯⋯ 126
12.1. 正書法記号の種類 ⋯⋯⋯⋯⋯⋯⋯⋯⋯⋯⋯⋯⋯⋯⋯⋯⋯⋯⋯⋯ 126
12.2. 識別記号 ⋯⋯⋯⋯⋯⋯⋯⋯⋯⋯⋯⋯⋯⋯⋯⋯⋯⋯⋯⋯⋯⋯⋯⋯ 126
12.3. 句読記号 ⋯⋯⋯⋯⋯⋯⋯⋯⋯⋯⋯⋯⋯⋯⋯⋯⋯⋯⋯⋯⋯⋯⋯⋯ 127

目　　次

12.3.1.　句読記号の種類 ……………………………… 127
12.3.2.　終止符 …………………………………………… 127
12.3.3.　コンマ …………………………………………… 127
12.3.4.　セミコロン ……………………………………… 129
12.3.5.　コロン …………………………………………… 130
12.3.6.　丸括弧および角括弧 …………………………… 130
12.3.7.　ダッシュ ………………………………………… 131
12.3.8.　引用符 …………………………………………… 133
12.3.9.　疑問符および感嘆符 …………………………… 134
12.3.10.　中断符 ………………………………………… 134
12.4.　補助記号 …………………………………………… 135

13.　大文字と小文字 …………………………………… 137
13.1.　大文字と小文字の区別 …………………………… 137
13.2.　大文字の使用 ……………………………………… 137
13.2.1.　語頭を大文字にする場合 ……………………… 137
　　A.　文頭の語 ………………………………………… 137
　　B.　特定の事物を指す固有名 ……………………… 137
　　C.　略号および科学的記号 ………………………… 139
13.2.2.　語全体を大文字にする場合 …………………… 139

14.　語の分かち書き …………………………………… 141
14.1.　分かち書きの習慣とその問題点 ………………… 141
14.2.　複合語および複合形式 …………………………… 141
14.2.1.　複合語 …………………………………………… 141
14.2.2.　融合形式と分離形式の交替 …………………… 142
14.3.　-mente 副詞 ………………………………………… 143
14.4.　接語代名詞 ………………………………………… 144
14.5.　接頭辞 ……………………………………………… 144

15.　略語の正書法 ……………………………………… 146
15.1.　略語の種類 ………………………………………… 146
15.2.　略号 ………………………………………………… 146
15.3.　頭字語 ……………………………………………… 148
15.4.　学術記号 …………………………………………… 150

目　　次

16. 外来語の正書法 ･･････････････････････････････････ 152
16.1. 外来語 ･･････････････････････････････････････ 152
16.2. 外来語の正書法上の適応化 ･･･････････････････ 153
16.2.1. 母音とアクセントの適応化 ･････････････ 153
16.2.2. 子音の適応化 ･･････････････････････････ 153
16.3. ラテン語借用語 ･･････････････････････････････ 155
　　　＜参考 21 ＞　併用公用語からの借用語 ･･････････ 156
17. 固有名詞の正書法 ･････････････････････････････ 157
17.1. 人名 ･･････････････････････････････････････ 157
17.2. 地名 ･･････････････････････････････････････ 158
17.3. 固有名詞の派生語 ･･････････････････････････ 160
18. 数表現の正書法 ･･･････････････････････････････ 161
18.1. 数詞の正書法 ･･･････････････････････････････ 161
18.1.1. 基数詞 ･････････････････････････････････ 161
18.1.2. 序数詞 ･････････････････････････････････ 162
18.1.3. 分数 ･･･････････････････････････････････ 162
18.1.4. 倍数 ･･･････････････････････････････････ 163
18.2. アラビア数字の正書法 ･････････････････････ 164
18.2.1. 桁区切り ･･･････････････････････････････ 164
　　　＜参考 22 ＞　アラビア数字 ･･･････････････････ 165
18.2.2. 小数 ･･･････････････････････････････････ 165
18.3. ローマ数字の正書法 ･･･････････････････････ 166
18.4. 数詞と数字の表記 ･･････････････････････････ 167
18.5. 日常の数表現 ･･･････････････････････････････ 169
18.5.1. 時刻 ･･･････････････････････････････････ 169
18.5.2. 日付 ･･･････････････････････････････････ 169
18.6. 世紀および年代 ･･････････････････････････････ 170
18.7. パーセンテージ ･･････････････････････････････ 170

音声記号対照表 ･･････････････････････････････････････ 172
参考文献 ･･･ 174
用語索引 ･･･ 176

— xi —

I. 音　韻

1．言語音と音声器官

1.1．言語音

　人間が音声器官を用いて有意的に，つまり意味を持って発する音を音声（sonido）と言う．音声には言語音と非言語音がある．咳払い，舌打ちなど口から発せられる音声も伝達手段として用いられることがあるが，非言語音である．これに対し，言語による伝達のため発せられる音声を言語音（sonido del habla, fono）と言う．狭義では言語音のことを指して音声と言うこともある．言語音は話し手の音声器官によって発せられ，聞き手の聴覚器官（aparato auditivo）によって認知される．

＜参考1＞　吸着音

　舌打ちは一般には非言語音であるが，例外もある．アフリカのコイサン諸語やズールー語は舌打ちをするようにして作られるさまざまの種類の吸着音（clic）を言語音として用いる．

1.2．音声学と音韻論

　音声学も音韻論も言語音を研究することを目的とするが，音声学（fonética）はあらゆる言語の言語音を記述の対象とし，一般的観点からその差異や類似を研究する．これに対し，音韻論（fonología）は音声学の基盤の上に立って個別の言語で言語音が果たしている機能に着目し，その体系や構造を研究する．簡単に言うと，音声学は言語音そのものを研究対象とするのに対して，音韻論はある言語の中で言語音がどのような働きをするかを研究する．以下では，まず音声学について取り上げる．

—2—

1.3. 音声学の分野

　音声学には調音音声学，音響音声学，聴覚音声学の3分野がある．調音音声学 (fonética articulatoria) は調音の機構と調音運動，つまり調音の生理過程を研究する．同じ言語音は同じ調音運動によって発音されるという前提に立って観察と記述を行う．調音音声学の知識と実践練習は，言語教育に携わる者には必須であるが，とりわけ文字を持たない言語を現地調査するような研究者にとっては必要不可欠である．調音音声学は古い歴史を持つが，科学として発展したのは 19 世紀以降である．

　音響音声学 (fonética acústica) は音声の音響的な研究，つまり音響的物理過程を取り扱う．20 世紀半ばからスペクトログラフなど音響分析機器が発達したことによって飛躍的に進歩した．実験音声学 (fonética experimental) というのはこの分野を指すのが普通である．

　聴覚音声学 (fonética auditiva) は音声を言語音として認知する機構，つまり聴覚的生理過程の研究を行う．脳の機能を研究することになるため，観察や実験に困難を伴い，未解明の部分が多い分野である．

　音声学はまた，その研究対象によって一般音声学と個別音声学に分けられる．一般音声学 (fonética general) とはあらゆる人間言語の音声全般を研究対象とするものである．これに対し，個別音声学 (fonética particular) は一般言語学に基礎を置いて個別言語の音声を研究対象とする．記述音声学 (fonética descriptiva) と呼ばれることもある．例えば，スペイン語を対象とするものはスペイン語音声学と呼ばれる．これには共時的研究だけでなく，通時的な研究，つまり歴史音声学 (fonética histórica) を含む場合もある．以下では調音音声学を中心に言語音の生成や記述に関する問題を取り上げる．

1.4. 音声学の単位

　音声学は言語音を基本的単位と見なし，観察と記述を行う．このような音声学の基本単位としての言語音を単音 (sonido, segmento) または分節音 (elemento segmental) と呼ぶ．単音は [p] のように角括弧に入れて示すのが慣例である．話し手が言葉を発するとき，つまり発話するとき，単音は連なって語や文のような言連鎖 (cadena hablada) を作る．単音の集合である言連鎖

にはアクセントや音調（イントネーション）のような音声的要素が加わるのが普通である．このような単音の上にかぶさるような音声的要素を超分節要素 (elemento suprasegmental) と言う．超分節要素を扱う分野は韻律論 (prosodia) とも呼ばれる．

1.5. 音声器官

　言語音を生成するために働く人間の身体器官を音声器官 (aparato fonador) と言う（図1の1〜13）．しかし，音声器官は独立した器官ではなく，もともと呼吸器官や消化器官として働くものが二次的に言語音を作るために利用されているのである．音声器官は三つの部分に分けられる．言語音を生成するために必要な気流を作り出す声門下腔 (cavidades infraglóticas)，気流から声となる言語音を作り出す声門部 (zona glótica)，および喉頭から上がって来る気流の共鳴室の役割を果たす声門上腔 (cavidades supraglóticas) である．

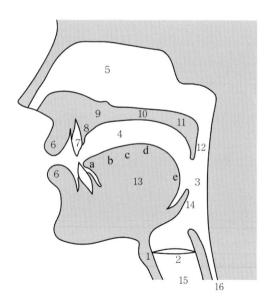

1. 喉頭（laringe）
2. 声帯（cuerdas voclaes）
3. 咽頭腔（cavidad faríngea）
4. 口腔（cavidad oral）
5. 鼻腔（cavidad nasal）
6. 唇（labios）
7. 前歯（dientes superiores）
8. 歯茎（alvéolos）
9. 硬口蓋（paladar duro）
10. 軟口蓋（paladar blando）
11. 口蓋帆（velo de paladar）
12. 口蓋垂（úvula）
13. 舌（lengua）
　a. 舌尖（ápice lingual）
　b. 前舌面（predorso lingual）
　c. 中舌面（mediodorso lingual）
　d. 後舌面（postdorso lingual）
　e. 舌根（raíz lingual）
14. 喉頭蓋（epiglotis）
15. 気管（tráquea）
16. 食道（esófago）

図1．音声器官（aparato fonador）

1. 言語音と音声器官

音声器官の3部分は言語音を生成する三つの機構にそれぞれ関わっている。声門下腔は言語音を生み出すのに必要な気流を作り出す呼吸（respiración）の機構に関わり，声門部は声帯の開閉によって声を作り出す発声（fonación）の機構に関わる。声門上腔（図1の3〜5）はさまざまの種類の言語音を生成する働き，つまり調音（articulación）の機構に関わる。一般に発音（pronunciación）と言われるものは，この調音の機能を指している。

1.6. 呼吸

声門下腔に含まれるのは肺と気管であるが，これらは本来呼吸器官である。肺は呼吸運動を行い，それによって鼻から外気が吸い込まれ，また排出される。空気を吸い込むのを吸気（inspiración），出すのを呼気（espiración）と言う。このように呼吸には呼気と吸気の二つの運動が含まれるが，通常，言語音は呼気，つまり吐く息によって作り出される。左右の肺から出た呼気は気管支を通り，1本の気管にまとまって喉頭に達する。気管支や気管は気流の通路であり，言語音を作るのに直接関与するわけではない。

1.7. 発声

声門部を構成するのは喉頭（laringe）である。その位置は，のどを触ると外側に突き出しているのどぼどけの部分に相当する。喉頭は軟骨組織であり，その内側に左右一対の声帯（cuerdas vocales）がある。喉頭の前側，つまりのどぼとけのある側で声帯は固定されているが，後ろ側は軟骨の動きによって離れたり，閉じたりすることが可能である。左右の声帯が引き離されてできたすき間を声門（glotis）と言う。

喉頭の中にある声帯は話者の意思によって開いたり，閉じたりする。呼吸をしているとき，つまり息の状態のとき，左右の声帯は離れ，声門はほぼ三角形に開いている（図2）。この息の状態のとき，流れ出る気流，つまり呼気は妨げられずに声門を通過する。声門が開いた息の状態で発せられる言語音を無声音（sonido sordo）と言う。

— 5 —

発音・文字

図2．息の状態

　一方，声帯が接近し，声門がほとんど閉じられた状態のとき，呼気が声帯間の狭いすき間を通過すると，弾力性のある声帯は気流によって振動し，音が生じる．この状態を声の状態と言い，生じた音を声（voz）と呼ぶ（図3）．声を出しているとき，のどぼとけに手で触れると軽く振動していることが確認できる．このように声門が閉じて声帯が振動する状態で発せられる声を伴う言語音を有声音（sonido sonoro）と言う．発声は，声帯の運動によって喉頭が声を作り出す働きを指す．

　　図3．声の状態　　　　図4．ささやき声の状態

　声帯は閉じているが，声帯下部の軟骨が少しだけ開いた状態のときは，呼気が通過すると，ささやき声（voz suspirada）が生じる（図4）．声帯は振動せず，無声化した音が出される．同じく声門下部が少し開いた状態で声帯を振動させるとつぶやき声（voz murmurada）が生じる．息もれ声とも言う．

1.8. 調音

　声門上腔は咽頭腔（いんとうこう，いんとうくう）と口腔（こうこう，こうくう），鼻腔（びこう，びくう）の三つの部分に分けられる．咽頭腔（cavidad faríngea，図1の3）とは前側の舌根と後ろ側の咽頭壁との間，つまり咽頭（faringe）にある管状の空間のことである．咽頭を通った気流は口腔または鼻腔に流れて

1. 言語音と音声器官

行く．咽頭上部から口腔または鼻腔を経て唇または鼻腔へと気流が抜けて行く通路を声道（tracto vocal）と呼ぶ．

口腔（cavidad oral，図1の4）は咽頭の上部から両唇までにある空間である．口腔の上部は口蓋，下部は舌面で仕切られている．口蓋は上の歯茎から口の奥に向かって延びるアーチ上の部分であるが，前よりの固い部分を硬口蓋（paladar duro），後ろよりの柔らかい部分を軟口蓋（paladar blando）と言う．硬口蓋は固定されているが，軟口蓋の後部は上下に動かすことができる．この部分を口蓋帆（velo del paladar），その先端の垂れ下がった部分を口蓋垂（úvula）と言う．

口腔周辺にはさまざまな言語音を作り出すのに関与する調音器官（órganos articulatorios）が存在する．調音器官は固定的で，受動的なものと動かすことのできるもの，つまり可動的，能動的なものとに分けられる．固定的調音器官とは上の前歯（dientes superiores），上の前歯の歯茎（alvéolos）およびその後ろの硬口蓋である．ちなみに，下の前歯はほとんど調音に関わらない．可動的調音器官とは両唇（labios），口蓋帆と口蓋垂を含む軟口蓋および舌（lengua）である．可動的調音器官は調音体（articuladores）とも呼ばれる．

可動的調音器官の中でもっとも重要なのは舌である．舌は上下にも前後にも動き，自在に位置と形を変えることができる．言語音を調音する際には舌のさまざまの部分が関与するので，各部分に名前が付いている（図1の13）．舌の最先端は舌尖（ápice, ápex），その後ろの歯茎に対する部分を舌頂（corona）と言うが，さらに舌が静止状態のとき，硬口蓋に面する前の部分を前舌面（predorso），軟口蓋に面する後ろの部分を後舌面（postdorso），両者の中間部分を中舌面（mediodorso）と呼んで区別し，舌の奥の咽頭に面する部分を舌根（raíz）と呼ぶ．

鼻腔（cavidad nasal，図1の5）は咽頭の上部から鼻腔までの空間である．口蓋帆の上下の動きによって鼻腔への通路は開いたり，閉じたりする．口蓋帆が上がって咽頭壁に付くと，鼻腔への通路は閉ざされ，気流は流れないが，下がると鼻腔への通路が開くことになる．口蓋帆が上がって呼気が鼻腔に流れず，もっぱら口腔を通って口から出る状態のとき発せられる言語音は口音（sonido oral）と呼ばれる．反対に口蓋帆が下がり，鼻腔にも呼気が流れる状態のとき口腔内のどこかで障害が作られ，気流が妨げられると，呼気は鼻腔だけに流れ，鼻から出ることになる．この状態のとき発せられる言語音を鼻

—7—

音 (sonido nasal) と言う．このように鼻腔は補足的な調音器官を構成する．

<参考2> 舌

舌は言語音を生み出すのに非常に重要な役割を果たすことから，西洋語では「舌」を表す語が「言語」の意味も持つことが多い．例えば，ギリシャ語の glossa，ラテン語の lingua，ロシア語の язык (jazyk) がそうである．ラテン語に由来するスペイン語の lengua も同じである．英語でも mother tongue（母語）のような場合，tongue は言語を意味している．フランス語の langage（言語）は langue（舌）からの派生語である．

1.9. 音の物理的性質と知覚

音は音源で発生した気圧の変化が波動として媒体（通常は空気）を伝わり，聴覚器官によって知覚されたものである．その波動，つまり音波 (onda sonora) は音源で生じた振動によって空気が周期的に圧縮されたり，希薄化したりを繰り返すことによって発生する．図5の縦軸は気圧の変化，横軸は時間の経過を表す．振動の一つの繰り返し，図式では圧縮を表す山の始まりから希薄化を表す谷の終わりまでの間を周期 (ciclo) と呼ぶ．

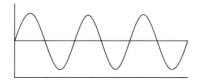

図5．音波（純音）

音は三つの指標，つまり持続時間，周波数および振幅によって特徴付けられる．音の持続時間 (duración) は音源の振動が継続する時間により定まる．測定に使用される単位は 1,000 分の 1 秒 (ms = milisegundo) である．知覚的な音の高さ，すなわちピッチ (tono) と大きさ (sonía) は音の振動数と振動する幅の大きさに関連する．1秒間に繰り返される振動数を周波数 (frecuencia) と呼び，ヘルツ (Hz = hercio) という単位で表す．周波数が高ければ聴覚的には音が高く，低ければ音が低く感じられる．物理的な音の強さ (intensidad)

は振動の幅の大きさ，つまり振幅 (amplitud) によって決まる．これを測る単位はデシベル (dB = decibelio) である．物理的に強い音は聴覚的には大きく，弱い音は小さく感じられる．このように知覚的な音の高さと大きさはそれぞれ物理的な周波数および振幅と対応するが，物理的な高さ，大きさがそのまま聴覚上の高さ，大きさに反映するわけではない．例えば，周波数が2倍になれば，音の高さが2倍高く感じられるわけではない．

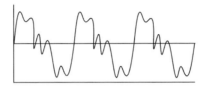

図6．音波（複合音）

　音波は振動の波形によって単純波もしくは正弦波 (onda simple o sinuosidal) と複合波 (onda compleja) に分けられる．単純波で表されるものは純音 (sonido puro) であり（図5），複合波で表されるものは複合音 (sonido complejo) である．言語音はすべて複合音であり，人工的でない自然界の音もすべて複合音である．音波はまた周期的な (periódico) ものと非周期的な (aperiódico) ものに分けられる．周期波は振動に規則的なパターンの繰り返し（周期）があるもので，非周期波はそれがない．単純波は周期的であるが，複合波には周期的なもの（図6）と非周期的なものがある．非周期的複合波は噪音 (ruido) と呼ばれるものに相当する．周期波を持つ音，つまり周期音に該当するのは母音と有声子音であり，非周期音に該当するのは無声子音である．

　周期的複合波は，異なる周波数を持つ単純波がいくつか重なり合って構成される．それを構成する成分の中で最も低い周波数を持つものを基本周波数 (frecuencia fundamental)，または基音 (fundamental, Fo) と呼ぶ．これ以外の成分は倍音 (armónico) と呼ばれ，理論的にはどれもその周波数が基本周波数の整数倍（2倍，3倍…）となる．複合波を構成する倍音成分の相違によってその複合音の音質，つまり知覚的な音色 (timbre) の違いが決定づけられる．

2．音声表記

2.1．音声記号

　音声学の基本単位である単音を記述するため用いられる表記法を音声表記（transcripción fonética）と言う．音声表記には，これまでさまざまの方法が提案されて来たが，大きく分けると字母方式と非字母方式がある．字母方式は単音にラテン文字などの1文字を対応させて表記するもの，非字母方式は単音を発する際の音声器官の特徴を分析的に複数の記号を用いて表記するものである．しかし，一般に使用されるのはラテン文字アルファベットを基礎にした字母方式であり，中でも国際的にもっともよく使用されるのは国際音声字母（Alfabeto Fonético Internacional, AFI）である．英語の略称は IPA（International Phonetic Alphabet）で，日本でもこれが一般的なので，以下ではこの略称を用いる．この方式は国際音声学協会（International Phonetic Association, IPA）が 1888 年に発表したもので，その後改訂を重ね，2005 年に最新版が公表されている．その原則は，一つの単音には常に一つの記号を用いるというものである．そうすると，ラテン文字だけでは記号が足りないので，ラテン文字にない独特の記号が考案されている．一般に，日本で発音記号と呼ばれているのは，この方式の表記を指している．

　言語によってはその言語独自の IPA とは異なる字母方式を用いている場合もある．特に活字印刷が主流だった時代には独特のフォントが必要な IPA は印刷に困難があるため，既存のラテン文字をできるだけ利用して補助記号を付け表記する方法が工夫された．スペインでは Revista de Filología Española（RFE, スペイン文献学報）という学術誌が 1915 年に採用した方式 ARFE（Alfabeto fonético de la RFE）が文献学，言語学の分野で広く使用されて来た．現在でもなおスペイン語圏の専門書や学術誌で使用されているが，最近では IPA の使用が広がりつつある．本書では IPA を使用するが，参考のため ARFE との対照表を巻末に示しておく（p.172-173）．

— 10 —

2．音声表記

　IPA は世界中のさまざまの言語の音声表記のため利用されているが，それを読む際に注意しなければならないのは，同じ IPA 記号で表示されているからといって，ある言語で使用されている記号が他の言語でも全く同じ音を表しているとは限らないということである．IPA は世界のあらゆる言語に対応するのが建前であるが，現実には限られた記号でさまざまの言語の微細な差異をもれなく記述することは不可能であり，一つの記号はそれぞれの言語における近似値を示すに留まる．言語によっては，その言語特有の慣習的な記号の使い方をしている場合もある．いわば，同じ記号が言語ごとに使い回しされているのである．したがって，例えばスペイン語と英語で同じ記号を使っているとしても，完全に同じ音を表していると短絡的に考えてはならない．どの言語についても同じ音声記号だからといって早合点せず，できるだけ実際の発音を聞き，言語事実を確かめることが必要である．

2.2.　簡略表記と精密表記

　言語音を音響機器を用いて細かく観察すると，同じ単音と見られるものも話者によって多少の相違があるし，同じ話者でも常に同じ音を発しているわけではない．厳密に言えば，どんな単音でも調音運動は 1 回ごとに微妙に異なっているのである．また，同じ単音でも，それが発話の中で現れる環境によって微細な差異を示す．しかし，人間の耳は多少の変異があっても，それが一定の範囲に収まっていれば同じ単音として聞き取る．そうした微細な差異を持つ音のグループを一つの単音と見なすのである．結局，単音と言われるものは，現実の発音をある程度抽象化した単位ということになる．

　こうした性格を持つ単音を表記する場合，どの程度までその差異を精密に表すかが問題である．補助記号なども利用して細かい音声的差異まで詳しく表すものを精密表記（transcripción estrecha）と言う．これに対して微細な差異は切り捨ててある程度大まかに表すものを簡略表記（transcripción ancha）と言う．例えば，スペイン語 seda（絹）に現れる文字 s の発音は簡略表記では [s] で表される摩擦音であるが，スペインでは地域によって舌の位置に相違があり，厳密に言えば別の音になる．精密表記によれば，[s̪]（舌尖歯茎音）と [s̺]（前部舌背歯音）のように区別される．しかし，地域差を問題にするのでなければ，簡略表記の同じ [s] ですましておいても不都合はない．要は，

— 11 —

発音・文字

どのような目的でどの程度まで精密に表記する必要があるかということである．精密表記も簡略表記も相対的な概念であり，精密度にはさまざまの段階があり得る．一般に，辞書や参考書で採用されているのは簡略表記であり，必要に応じて部分的に精密表記も取り入れるのが普通である．

2.3. 辞書の音声表記

スペイン語はヨーロッパの言語の中でも有数の規則的で表音的な正書法を持っているため，長くスペイン語の辞書は音声表記を載せないのが普通であった．綴り字を見れば，正しい発音がわかるというわけである．現在でもアカデミア辞典を始めとするスペイン語圏の代表的な辞典は音声表記を載せていない．しかし，どんなに表音的であるとしても，正書法は語を表記するのが目的であって，個別の音を表記する音声表記とは目的が異なる．また，正書法は独自の歴史的伝統を踏まえた体系なので，綴り字を見て正しく発音するためにはその規則・慣習を学ぶことが必要である．外来語の場合には，綴り字どおりに発音しないこともある．こうした事情の下，スペイン語圏でもようやく1980年代から外国人学習者も念頭において作られた辞典では音声表記を載せるようになった．日本の西和辞典も，初めてそれが刊行された明治期以来，音声表記は載せていなかったが，ようやく1990年代以降に刊行された辞典では載せるのが普通になった．日本の西和辞典で採用されている音声表記はいずれも簡略表記であるが，辞典によって方式と精密度に多少相違がある．例えば，A社（1999）の辞典はIPAに一部ARFE方式を混ぜている．B社（新版，2007）も同様である．C社（2008）はほぼ完全にIPAを採用している．

近年，日本で出版される学習者用の英和辞典ではIPAとともにカタカナ表記を載せるものが増えている．かつて日本人の英語はカタカナ式の発音だと批判されることがあったが，一見すると，そうした時代へ逆戻りするかのような傾向である．西和辞典でも2000年代からカナ表記を併記するものがいくつか刊行されるようになった．中にはD社の辞典（2006）のようにIPA表記を止め，カナ表記だけという革新的な辞典まで現れた．そこまで極端でなくても，カナ表記を併記する傾向は続きそうである．これは，公立中学・高校の英語カリキュラムではIPAを学習する機会がないこととも関連して

— 12 —

2．音声表記

いると思われる．カナ表記なら，**IPA** の知識がなくても，初心者がとりあえ
ず大まかに発音をつかめるという利点はある．しかし，やはり問題も多い．
カナ表記はカナ文字を利用した簡略表記ということになるが，カナ文字は音
節文字なので，単音を表すにはどうしても不都合があるし，日本語にない音
をどう表記するかという問題がある．そのためにカタカナにひらがなを混ぜ
たり，補助記号を付けるなどいろいろ工夫を凝らしているが，辞典ごとに独
自の方式が使われるので，それぞれの約束事を覚えなければならない．カナ
表記がまったくの初心者にある程度の効用を持つことは否定できないが，そ
れ以上の役割を期待するのは無理である．

3. 音　素

3.1. 音素と異音

　音韻論は特定の言語を対象としてその言語音を体系的・構造的に把握しようとする研究分野である．したがって，音韻論は音声学と異なり，それぞれの言語ごとに成立する体系を追求する．ある言語で言語音が果たしている機能に注目すれば，その言語で用いられる言語音は少数の機能的単位に整理することができる．このような最小の機能単位として仮定されたものが音素(fonema)である．音素は言語音の中で意味の弁別に関与する最小単位であり，/p/ のようにスラッシュで囲み表記するのが慣習である．

　音素を設定するには，その言語に現れる単音の分布を調査する必要がある．分布(distribución)とはある単音が現れる環境の総体であり，環境(contexto)とはその単音が発話の中で現れる位置のことである．単音の分布を調べて音素を設定する際に重要な概念は最小対立である．同じ環境で対立を示す単音，つまり異なる語を表す単音は機能的に対立する要素，つまり別の音素である．例えば，スペイン語の peso ['peso] (重さ) / beso ['beso] (キス)という形式を比較すると，意味の異なる別の語であるが，語頭の子音 [p], [b] だけが異なっていて，他の単音は同じである．このように，同じ環境で一つだけ単音を入れ替えると区別される語を最小対(par mínimo)と言い，最小対に見られる対立を最小対立と言う．最小対立をする単音は別の音素である．この例では音素 /p/, /b/ を取り出し，認定することができる．一方，paso ['paso] (通行) / peso ['peso] の場合は，母音 [a], [e] が最小対立をなしており，音素 /a/, /e/ を取り出すことができる．

　音素を設定する上で重要なもう一つの概念は相補分布(distribución complementaria)である．二つ以上の単音が現れる環境を異にしていて同じ環境に現れない場合，相補分布をなすと言う．相補分布をする単音は同一の音素と見なされる．相補分布をなすと認定するためには，それらの単音が一

― 14 ―

3. 音　素

定の位置に現れ，その出現が予測可能でなければならない．例えば，boca ['boka]（口）/ cabo ['kaβo]（先端）に見られる b で表記される単音は音声学的には調音法が同じではない．どちらも両唇音である点は同じであるが，前の語の [b] は閉鎖音であるのに対し，後の語の [β] は摩擦音である．両者の分布を調べると，[b] は語頭（より正確に言うと，休止の後）や [m] の後に現れ，語中などそれ以外の位置では [β] が現れる．つまり，同じ環境で現れることはない．休止の後，つまり発話を始めるときや [m] の後では両唇の閉鎖が完全に行われるのに対して語中の母音間では周囲の環境によって一種の同化作用が起き，両唇が開いたままで完全な閉鎖が行われず，摩擦音化したと説明できる．このような場合，両方の単音は相補分布をしていると言える．相補分布をなす単音は同じ音素と認定可能なので，この例では /b/ を設定することができる．同一音素と見なされる単音を異音（alófono, variante）と言う．このように出現する環境によって相補分布をする異音は特に条件異音または結合異音（variante combinatoria）と呼ばれる．スペイン語の [b] と [β] は同じ音素 /b/ の条件異音と見なすことが出来る．

　異音の中には同じ音声環境の中で自由に交替するものもある．例えば，hablan（彼らは話す）の語末の n は歯茎鼻音 [n] で発音されるのが普通であるが，地域により個人により軟口蓋鼻音 [ŋ] で発音されることもある．どちらの音でも語の意味に相違は生じない．このように現れる環境によって規定されない異音の交替を自由変異と言い，その異音を自由異音（variante libre）と呼ぶ．

　条件異音にせよ，自由異音にせよ，同じ音素の異音と認定するために必須の前提となるのは，異音が互いに調音位置が近接している，あるいは調音法が同じであるなど音声的類似性（similitud fonética）を持っていることである．これが音素認定のためのもう一つの条件である．

　結局，音素は音韻論的に設定された抽象的な単位であり，実際に発音されるのはその音声学的な実現である言語音，すなわち単音である．一つの音素に対応する単音が複数存在する場合，それらはその音素の異音として扱われる．

3.2. 弁別素性

3.2.1. 弁別素性の種類

　音素は，さらにそれを構成する弁別素性の束として分析することが可能である．弁別素性（rasgos distintivos）または示差特徴とは言語音の調音的，音響的な諸特徴の中で音素の区別に関与するものである．ただし，現在の音韻論で一般に利用されるのは調音的な性質の特徴である．弁別素性は二項対立（oposición binaria）の原理によってそれの有無が＋か－で示される．また，弁別素性は階層的な体系を構成していると考えられる．スペイン語の音素を規定するために用いられる弁別特性は次ページのとおりである（RAE, 2011に準拠する）．

3.2.2. 子音性，共鳴音性および喉頭素性

　音素の分類に関わる最上位の主要類素性は子音性と共鳴音性である，最初の子音性 [±consonante] の素性によって [＋子音性] の素性を持つ子音とそれを持たない [－子音性] の母音とが分けられる．母音は肺から出た気流が気道を通過する間，何ら妨げを受けないという特徴がある．これに対し，子音は気流が気道を通過する際に何らかの妨げを受けて実現される．

　主要類素性の第2は共鳴音性 [±sonante] である．[－共鳴音性] の素性を持つものは阻害音（obstruyente）と呼ばれ，気流が気道を通過する際，妨げにあって破裂または摩擦の噪音を引き起こす．該当するのは閉鎖音，摩擦音および破擦音である．これに対し，[＋共鳴音性] の素性を持つ共鳴音（sonante）は，その実現の際，気流が破裂や摩擦を伴わずに気道を通過する．すべての母音と鼻音，側面音が該当する．

　次の区分は，喉頭部で行われる発声に関する喉頭素性（rasgos laríngeos）によるものである．これに該当するのは有声音性 [±sonoro] であり，喉頭にある声帯がとる配置と動作に関わる．音素を実現する際，声帯が振動するものは有声音 [＋有声音]，しないものは無声音 [－有声音] に区分される．

3．音　素

弁別素性	分類	該当する音素
子音性 (±consonante)	＋子音性	/p, b, t, d, k, g, t͡ʃ, f, θ, s, x, j, m, n, n, ɲ, l, ʎ, ɾ, r/
	－子音性	/a, e, i, o, u/
共鳴音性 (±sonante)	＋共鳴音性	母音および /m, n, ɲ, l, ʎ, ɾ, r/
	－共鳴音性	/p, b, t, d, k, g, t͡ʃ, f, θ, s, x, j/
有声音性 (±sonoro)	＋有声音性	母音および /b, d, g, j, m, n, ɲ, l, ʎ, ɾ, r/
	－有声音性	/p, t, k, t͡ʃ f, θ, s, x/
唇音性 (±labial)	＋円唇性 (+redondeado)	/o, u/
	－円唇性 (-redondeado)	/p, b, f, m/
舌頂音性 (±coronal)	＋前方性 (+anterior)	/θ, s, t, d, n, l, ɾ, r/
	－前方性 (-anterior)	/t͡ʃ, j, ɲ, ʎ/
	＋伸長性 (+distribuido)	/θ, j, ʎ, ɲ/
	－伸長性 (-distribuido)	/s, t, d, t͡ʃ, l, n, ɾ, r/
舌背音性 (±dorsal)	＋高段性 (+alto)	/k, g, x/ および /i, u/
	－高段性 (-alto)	/a, e, o/
	＋低段性 (+bajo)	/a/
	－低段性 (-bajo)	/e, i, o, u/
	＋後舌性 (+retraído)	/k, g, x/ および /a, o, u/
	－後舌性 (-retraído)	/i, e/
鼻音性 (±nasal)	＋鼻音性	/m, n, ɲ/
	－鼻音性	その他
継続音性 (±continuo)	＋継続音性	/f, θ, s, x, j, l, ʎ, r/ および母音
	－継続音性	/p, b, t, d, k, g, t͡ʃ, m, n, ɲ, ɾ/
粗擦音性 (±estridente)	＋粗擦音性	/f, s/
	－粗擦音性	その他
側面音性 (±lateral)	＋側面音性	/l, ʎ/
	－側面音性	その他

3.2.3. 調音域に関わる弁別素性

　次の4つの素性は，声門上腔で行われる調音に関する喉頭上部素性（rasgos supralaríngeos）に区分されるものである．喉頭の上部にある口腔には多くの調音器官が存在する．喉頭上部素性は，喉頭から送り込まれた気流が口腔内

発音・文字

のどの場所でどのような影響を受けるかを記述するための弁別素性のグルー
プである. 調音の際, 能動的調音器官, つまり調音体が接触または接近する
場所を調音域または調音位置 (zona o lugar de articulación) と呼ぶ. また, 調
音の際, 気流がどのように調音域を通過するかを示すのが調音法 (modo de
articulación) である. 調音域に関わる主な弁別素性は唇音性 (labial), 舌頂音
性 (coronal) および舌背音性 (dorsal) の三つである. さらに, 補足的な調音
器官として鼻腔が関与する素性が鼻音性 (nasal) である.

   1) 唇音性 —— 調音の際, 調音体である両唇が閉鎖や狭めを作ることを
   示す. 唇音性を持つ音素は, さらに調音の際, 唇の丸めを伴う円唇性
   [+redondeado] を持つものと持たないもの [-redondeado] に分けられる.
   円唇性を持つのは母音 /o, u/ である. 両唇音 /p, b, m/ や唇歯音 /f/ は円
   唇性を持たない.

   2) 舌頂音性 —— 調音の際, 舌頂が前歯または歯茎に接触するか接近し
   て狭めを作ることを示す. 舌頂音性を持つ音素は, さらに前方性と伸長
   性の素性によって区分することができる. 前方性を持つ音素 [+anterior]
   は口腔の前側, 前歯や歯茎で調音されるのに対して, 前方性のないもの
   [-anterior] は歯茎の後部で調音される. 一方, 伸長性のある音素
   [+distribuido] は, 妨げや狭めが作られる調音域が比較的長い. これに
   対し, 伸長性のないもの [-distribuido] は, それが短く, 調音の際, 舌
   端だけが接触するような場合である. この二つの素性を組み合わせると,
   /n/ は [＋前方性][－伸長性], /ɲ/ は [－前方性][＋伸長性] と記述され
   ることになる.

   3) 舌背音性 —— 調音の際, 舌背が硬口蓋または軟口蓋に接触するか接
   近して狭めを作ることを示す. これはさらに高段性 [±alto], 低段性
   [±bajo] および後舌性 [±retraído] の素性によって区分される. 高段性の
   音素は, 調音を開始する前の中立的な位置よりも舌が持ち上げられて調
   音される. 子音では軟口蓋音 /k, g, x/ が高段性を持つ. 逆に, 低段性の
   音素は舌を中立的位置よりも下げて調音される. これら二つの素性を組
   み合わせると, その種類は [＋高段性, －低段性] (該当する母音は /i, u/),
   [－高段性, ＋低段性] (同 /a/) および [－高段性, －低段性] (同 /e, o/)
   の三つとなる. なお, [＋高段性] と [＋低段性] は両立しないので, こ
   の組み合わせはない. 後舌性の音素は, 中立的位置よりも舌を後ろに引

— 18 —

いて調音される．前記の軟口蓋音と母音 /a, o, u/ が該当する.

4）鼻音性 —— 鼻腔は口腔に対して補足的な調音器官として働くことが
ある．鼻腔が関わる弁別素性が鼻音性 [±nasal] である．[＋鼻音性]の
音素，つまり鼻音は，口蓋帆が下がって気流が鼻腔にも流れるような状
態で調音される．[－鼻音性]の場合，つまり口音 (oral) は，口蓋帆が上
がって，気流が口腔だけに流れるような状態で調音される.

3.2.4. 調音法に関わる弁別素性

最後に，調音法に関わる弁別素性としては継続音性 (continuo), 粗擦音性
(estridente) および側面音性 (lateral) がある.

1）継続音性 —— 継続音性のない音素 [－継続音性] は声道を気流が通過
する際に全面的な妨げを受ける．該当するのは閉鎖音，鼻音，破擦音および
はじき音 /ɾ/ である．これに対し，[＋継続音性] の音素は部分的な妨げしか
受けない．該当するのは母音，摩擦音，側面音およびふるえ音 /r/ である.

2）粗擦音性 —— 気流が通過する際，調音域での妨げによって複雑な乱
流 (turbulencias) が起きる音素は [＋粗擦音]，それが生じないものは [－
粗擦音] の素性を持つ．スペイン語で素擦音性を持つのは，摩擦音 /f/
および /s/ である.

3）側面音性 —— 調音の際，気流が舌の左右の側から流れ出る音素は [＋
側面音性]，それ以外は [－側面音性] の素性を持つ．スペイン語で側面
音性を持つのは 2 種類の側面音 /l, ʎ/ である.

＜参考3＞ 生成音韻論

生成音韻論 (fonología generativa) はチョムスキーが提唱した生成文法
(gramática generativa, 当初は変形文法と呼ばれた) の枠組みの一部を構成し,
チョムスキー，ハレの著作 (Chomsky and Halle, 1968, *The Sound Patterns of
English*) が理論の出発点となった．生成音韻論では，構造言語学で発展した
音素という概念を認めない．音韻論（または音形論）の基本単位は弁別素性
とされる．しかし，弁別素性だけでは記述の際に不便なので，弁別素性の束
と言うべき分節素 (*segment*) という便宜的な単位を認める．分節素は，理論
的には音素よりもなお抽象的な単位で，概念も研究者によりさまざまである
が，理論上はともかく実質的な運用は音素とあまり変わりがないと言える.

4．母　音

4.1．母音の特徴

　母音（vocal）とは，調音する際に肺から出た呼気が声道で何らの妨害も受けずに流出して生じる言語音である．反対に，子音は声道で調音器官による何らかの妨害を受けて生じる言語音である．

　一般に母音は声帯の振動を伴う有声音である．声帯の振動を伴った呼気は口腔内の声道を通過する際，口腔を共鳴室として共鳴させながら母音を作り出す．口腔内の声道は舌や唇など能動的調音器官の動きによってその形状をさまざまに変えることができる．母音の音色の違いは口腔内の声道，つまり共鳴室の形状の違いによって生じる．

4.2．母音の分類基準

　母音の音色は口腔内の声道の形状によって変化するが，声道の形状を変えるのに重要な役割を果たすのは舌と唇である．舌は上下および前後に動いて口腔の形と容積を変化させる．呼気の出口にある両唇も，その形を変えることによって舌による変化に協同して働く．したがって，母音は舌と唇の特徴に注目して記述される．母音を記述するのに用いられる基準は，（1）舌の上下の位置，（2）舌の前後の位置および（3）唇の丸めの有無の三つである．

4.2.1．舌の上下の位置

　舌の上下の位置（posición vertical de la lengua）は舌の高さ（altura de la lengua）とも言う．調音するとき，舌が盛り上がった最高部がどの段階に位置するかによって母音を分類することができる．舌の上下の位置は口の開きとも関連する．上あごは動かないが，下あごは上下に開閉する．通常，下あごが下がると，口の開きが大きくなり，舌の位置は低くなる．そこで，舌の

4. 母 音

上下の位置を指して口の開き，つまり開口度（abertura oral）と言うこともあ
る．調音の際，舌が高く持ち上げられ，口腔内の舌面と口蓋との間の呼気の
通路，声道が狭くなる母音を狭母音（vocal cerrada），または舌の位置が高い
ので高母音（vocal alta）と呼ぶ．反対に，調音の際，口の開きが大きく，舌
の位置が低くなり，舌面と口蓋の間の声道が広くなる母音を広母音（vocal
abierta），開母音または低母音（vocal baja）と言う．舌の位置がもっとも低い
広母音ともっとも高い狭母音の間には中間的な段階がある．言語によって中
間段階の数は相違するが，スペイン語の場合は 1 段階を設定すれば十分であ
る．この中間段階の母音を半狭母音（vocal semicerrada）または中母音（vocal
media）と言う．

4.2.2. 舌の前後の位置

舌の前後の位置（posición horizontal de la lengua）は単に舌の位置（posición
de la lengua）とも言う．調音するとき，舌を前に出すと，舌の前側，前舌面
が硬口蓋に向かって少し持ち上がって接近し，反対に後ろに引くと，舌の後
ろ側，後舌面が軟口蓋に向かって少し持ち上がり接近する．舌の前後の位置
とは，口蓋のどの部分に対し，舌のどの部分が持ち上がって接近するかとい
うことを問題にする．調音の際，硬口蓋に対し前舌面が接近する母音を前舌
母音（vocal anterior），軟口蓋に対して後舌面が接近する母音を後舌母音（vocal
posterior）と呼ぶ．両者の中間となる母音は中舌母音（vocal central）と呼ばれ
る．

4.2.3. 唇の丸めの有無

舌 の 丸 め（redondeamiento o abocinamiento de los labios）は 唇 の 形
（disposición de los labios）とも言う．一般に後舌母音を調音する際，舌を後
ろに引くと，唇は少し前へ突き出て，正面から観察すると唇全体が丸い形に
なる．これを円唇化（redondeamiento, abocinamiento）と言う．円唇化が起き
る母音を円唇母音（vocal redondeada），起きない母音を非円唇母音（vocal no
redondeada）と言う．また張唇（はりくち）母音と平唇（ひらくち）母音という呼
び方もある．スペイン語では後舌母音は円唇母音であり，それ以外は非円唇
母音である．

— 21 —

4.3. 基本母音

　母音は前記のように舌の位置と唇の形を基準にして記述することができるが，世界のさまざまの言語の母音を記述するためには理論的なモデルを設定しておくと便利である．このため考案されたのが基本母音 (vocales cardinales) と呼ばれる母音記述のための参照基準で，英国の音声学者ダニエル・ジョーンズ (Daniel Jones) が1917年に発表し，その後 IPA に受け継がれ，一部修正を加えられて今日でも利用される．

　この基準では，舌の最高部をできるだけ前にもっとも高く持ち上げて調音される母音を基本母音1とし [i] で表す．逆に舌の最高部をできるだけ後ろでもっとも低くして調音される母音を基本母音5とし [ɑ] で表す．このようにして舌が最高・最前方の位置にある母音と最低・最後方の位置にある母音をまず設定し，母音が母音としての性質を失わずに調音されるぎりぎりの境界を定める．この境界内の空間を母音空間 (espacio vocálico) と呼ぶ．母音空間内で最前方の位置にある基本母音1 [i] から最後方にある基本母音5 [ɑ] に至る口腔の前側の境界線は，母音の聴覚印象に基づいて4分割され，反時計回りで基本母音1 [i] から下に向かって基本母音2 [e]，同3 [ɛ]，同4 [a] と定められる．一方，基本母音5 [ɑ] が位置する口腔の後側の境界線も聴覚印象に基づき上に向かって4分割され，やはり反時計回りで基本母音5から上に向かって同6 [ɔ]，同7 [o]，同8 [u] と定められる（図7）．

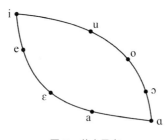

図7．基本母音

　こうして，母音空間には八つの第1次基本母音 (vocales cardinales primarias) が設定された．基本母音は，相互の位置関係がわかりやすくなるよう簡略に

4. 母　音

図式化されて四辺形で示される（図8）. この四辺形では舌の上下の位置が4段階に設定され，一番上の段が狭母音（または高母音）[i] [u]，その下の段が半狭母音 [e] [o]，次の段が半広母音（vocal semiabierta）[ɛ] [ɔ]，一番下の段が広母音（または低母音）[a] [ɑ] ということになる. この中で基本母音1～5, つまり [i] [e] [ɛ] [a] [ɑ] は調音の際唇が丸くならない非円唇母音であるのに対し，基本母音6～8, つまり [ɔ] [o] [u] は唇を丸める円唇母音である.

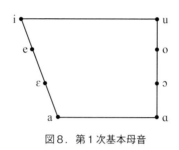

図8．第1次基本母音

さらに，第1次基本母音を基礎にして第2次基本母音（vocales cardinales secundarias）が設定される. 基本母音1～5をそれぞれ円唇化したものが基本母音9～13, [y] [ø] [œ] [ɶ] [ɒ] であり，反対に円唇母音である基本母音6～8を非円唇化したものが基本母音14～16, [ʌ] [ɣ] [ɯ] である（図9）. さらに，中舌母音で最高の位置に非円唇の [ɨ] と円唇の [ʉ] が基本母音17～18として設定される. しかし，スペイン語の母音音素を記述するためなら第1次基本母音だけを参照すれば十分である.

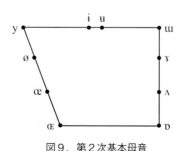

図9．第2次基本母音

4.4. 基本母音とスペイン語の母音の対比

　基本母音は，実在する特定の言語をモデルとしたものではない．また，四辺形の図式上で等間隔に分けられた高さは実際の舌の位置を忠実に表しているわけではない．基本母音はあくまでも理論的に想定され，簡略に図式化された枠組みである．現実の言語の母音体系は，基本母音とは多かれ少なかれ相違があるのが通常であり，基本母音と同じ音声記号が用いられているからといって，まったく同じ音を表しているわけではない．

　スペイン語の母音と基本母音とではどのような相違があるのだろうか．Gil Fernández (2008: 432) に基づき基本母音と実際のスペイン語の母音体系を対比して図式化したものが図10である．これによれば，スペイン語の [i] は基本母音より舌の位置が少し低く，少し後ろ寄りである．同じく [e] は基本母音より後ろ寄りであり，舌の高さは基本母音 [e] よりは低く，[ɛ] よりは高い．同じく [a] は基本母音よりは舌の位置が高い，つまり，口の開きがやや小さい．舌の前後の位置も前舌母音 [a] と後舌母音 [ɑ] の中間にある．同じく [o] は基本母音よりやや前寄りで，舌の高さは基本母音 [o] よりは低く，[ɔ] よりは高い．最後に，[u] は基本母音よりも後ろ寄りであるが，舌の位置は少し低い．

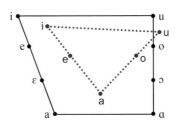

図10．基本母音とスペイン語の母音

4.5. スペイン語の母音

4.5.1. スペイン語の母音体系

　スペイン語の母音音素を母音の三つの分類基準，つまり舌の上下の位置，舌の前後の位置および唇の丸めの有無によって調音的に分類すると，次のよ

うに図式化することができる．舌の上下の位置(開口度)は高(狭)，中(半狭)，低(広)の3段階，舌の前後の位置は前舌，中舌，後舌の3列がある．後舌母音は円唇母音であり，他の母音はすべて非円唇母音である．

舌の前後の位置		前舌	中舌	後舌
唇の丸めの有無		非円唇	非円唇	円唇
舌の上下の位置	高 / 狭	i		u
	中 / 半狭	e		o
	低 / 広		a	

4.5.2. スペイン語の母音音素

A. /i/

音声学的には非円唇前舌挟母音 [i] で実現される．すなわち，舌の前後の位置からは前舌母音，上下の位置からは挟母音または高母音と分類される．舌尖は下の前歯に接触し，前舌部が盛り上がって硬口蓋に接近し，狭い隙間を作る(図11)．同時に，唇の両端は後ろに引かれるように横に広がり，両唇の間の開きはもっとも小さい．舌の位置は基本母音 [i] よりもやや後ろである．

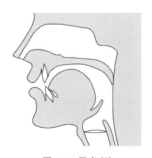

図11. 母音 [i]

B. /e/

非円唇前舌半狭母音 [e] で実現される．舌尖は下の前歯に接触し，前舌部が盛り上がって硬口蓋に近付くが，[i] よりは隙間が大きい(図12)．唇の両端は横に引かれるが，/i/ よりは両唇の開きが大きい．既述のとおり，スペイン語の [e] は，舌の上下の位置が基本母音 [e] (半狭母音)よりは低く，[ɛ](半広母音)よりは高くて，両者の中間に位置する．便宜的に半挟母音と呼ばれ，

また中母音とも呼ばれる．前舌母音であるが，舌の前後の位置は基本母音 [e] [ɛ] よりも後ろ寄りである．こうした舌の位置は日本語のエとあまり相違がない．

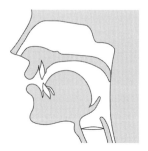

図 12. 母音 [e]

C. /a/

非円唇中舌広母音 [a] で実現される．他の母音よりも口の開きが大きく，両唇が大きく開く．舌尖は下の前歯の根元から歯茎のあたりに接し，舌全体が横に広がる（図 13）．口を大きく開き，舌は全体として下がるので，広母音または開母音と呼ばれる．舌背は上に向かってやや盛り上がる．舌の前後の位置は基本母音 [a] よりは後ろ，[ɑ] よりは前で，両者の中間に位置するので，中舌母音と呼ばれる．舌の位置は日本語のアとほぼ同じである．

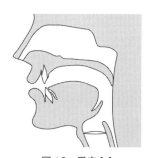

図 13. 母音 [a]

D. /o/

円唇後舌半狭母音 [o] で実現される．両唇を少し前に突き出し，唇を丸める円唇母音である．舌尖は下がって下の歯茎のあたりにあり，舌全体が少し奥に向かって後退し，後舌部が軟口蓋に向かって盛り上がる（図 14）．後舌母音に分類される．舌と軟口蓋の間の隙間は /u/ よりも大きい．舌の上下の

4. 母 音

位置からすると，基本母音 [o] よりは低く，[ɔ] よりは高い中間にある．普通，半狭母音または中母音と呼ばれる．舌の位置は日本語のオとあまり相違がない．

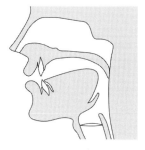

図 14． 母音 [o]

E． /u/

円唇後舌挟母音 [u] で実現される．両唇は前に突き出し，/o/ よりも唇が丸まる円唇母音である．舌尖は下の歯茎のあたりにあり，舌全体が口の奥に向かって後退し，後舌部が軟口蓋に向かって上昇する（図15）．舌と上あごとの隙間は /o/ よりも狭い．既述のとおり，基本母音の [u] と比べると，上下の位置はやや低い代わりに前後の位置はむしろ後ろよりである．

スペイン語の母音は，おおむね日本語の母音とそれほど相違がないが，唯一 /u/ だけは日本語との違いがかなり大きい．日本語のウはスペイン語の [u] よりも舌の位置が前よりで，唇の丸めがほとんどない．このため，音声学的には非円唇母音の [ɯ] で表記されるのが普通である．スペイン語らしい /u/ を発音するためには日本語のウで代用せず，オよりもさらに唇を丸めて前に突き出し，後舌部を持ち上げるよう心がけて発音する必要がある．

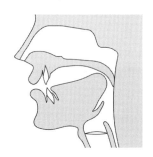

図 15． 母音 [u]

発音・文字

＜参考４＞　日本語のウ

簡略表記では [u] で表されることもある日本語のウは精密表記では [ɯ] で
表記されるのが一般的であるが，これも便宜的な慣用である．厳密に言うと，
完全な非円唇母音である基本母音の [ɯ] とは一致しない．完全な非円唇母音
の [ɯ] は，円唇母音の [u] と非円唇母音の [ɯ] が音素対立する朝鮮語などに
存在するが，日本語のウはそういう典型的な非円唇母音とは異なる．ウは基
本母音 [ɯ] よりも舌の位置が前よりで，やや円唇性があるとされる．さらに，
日本語のウは地域により多少の相違がある．東京方言を始めとする東日本の
方言ではウの円唇性が少ないのに対し，関西方言ではより円唇性が強く，そ
の点ではスペイン語により近いと言える．

4.5.3. 母音の変異

母音音素はそれが現れる前後の環境，強勢の有無によって舌の上下の位置
（開口度）や前後の位置に転位が生じ，変異を起こすことがある．また，ス
ペイン語の話される地域や社会階層，発話のスタイル（丁寧な発話とくだけ
た発話など）によっても変異を見せることがある．

A. 出現する環境による母音の変異

出現する環境による変異はどの母音にも生じ得るが，特に変異を起こしや
すいのは /e/, /o/ および /a/ である．

1）/a/ の前舌母音化および後舌母音化 —— 中舌母音 /a/ は硬口蓋音の後
　　では舌の位置が前に転位して前舌化しやすく，極端な場合は [æ] になる：
　　chato ['tʃæto]（鼻が低い）．また，後舌母音 o, u が後続すると舌の位置が後
　　方に転位して後舌化しやすく，[ɑ] になることがある：caos ['kɑos]（混沌）

2）/e/ および /o/ の広母音化および閉母音化 —— 一般に /e/ および /o/ は
　　閉音節では開口度が大きくなり，それぞれ [ɛ] および [ɔ] で実現される
　　ことが多い：papel [pa'pɛl]（紙），golpe ['gɔlpe]（殴打）．また，子音 [r]
　　または [x] が後続する環境でも同じ現象が起きやすいと言われる：perro
　　['pɛro]（犬），lejos ['lɛxos]（遠くに）；gorra ['gɔra]（キャップ），cojo ['kɔxo]
　　（脚の不自由な）．ただし，これらの現象は体系的に常に一貫して起きる
　　というわけではない．

　　アンダルシーア東部では語末の /s/ が消失し，その代わりに直前の母音
　　/e/ または /o/ が半広母音 [ɛ] または [ɔ] として実現する現象が見られる．

— 28 —

4. 母音

　この結果，[e] と [ɛ]，[o] と [ɔ] という対立が生じ，動詞の人称あるいは名詞の数の相違が示されると言われる：come ['kome]（< comer「食べる」現在3人称単数）/ comes ['komɛ]（同2人称単数），niño ['niɲo]（子ども）/ niños ['niɲɔ]（子どもたち）．これを音素対立と認めるかどうかについては研究者によって議論が分かれる．

3）鼻母音化 —— スペイン語の母音音素は基本的にすべて口母音である．しかし，鼻音と鼻音との間または休止と鼻音との間に挟まれた母音は鼻母音化を起こしやすい：mano ['mãno]（手），honra ['õnra]（面目）．アンダルシーア，カリブ海地域，中米などでは，語末の鼻音 [n] が軟口蓋音化し，その直前の母音は鼻母音化することがある：toman ['tomãŋ]（< tomar 取る），salón [sa'lõŋ]（広間）．最初の段階は硬口蓋鼻音 [n] から軟口蓋鼻音 [ŋ] への変化，次に鼻母音化が起きるが，最終段階では語末の無強勢音節で鼻母音だけを残して鼻音が消失することもあると言われる：['tomã]

B. 無強勢音節における母音の変異

　スペイン語では一般に強勢の有無にかかわらずその音節に現れる母音の音色にあまり変化が生じない．それでも，無強勢音節の母音は強勢音節に比べて弱化が起きやすく，場合によって変異が生じることがある．特に変異が起きやすいのは語末の無強勢音節である．弱化の最初の段階は無声化（devocalización）であり，最終段階では完全に消失する．無声化とは長音の際，声帯が振動しないことである．メキシコ，中米，カリブ海地域，南米のアンデス地方などの民衆的な発話では無強勢の母音，特に [e], [o]，まれには [i] が弱化して無声化し，場合によっては消失することもあるとされる：noche ['notʃe̥ / 'notʃ]（夜），noches ['notʃe̥s / 'notʃs]（同複数）；todos ['toðo̥s / 'toðs]（あらゆる人々）．

＜参考5＞　日本語の母音の無声化

　日本語の挟母音イ，ウは無声子音の間または無声子音と休止の間に挟まれると無声化を起こすのが普通である．例えば，キタ，シタなどの無声子音間にある [i] やアキ，ヤシなどの語末の [i]，クサ，ツタなどの無声子音間の [ɯ]，イス，…デスなどの語末の [ɯ] は無声化する．音声表記ではそれぞれ [i̥], [ɯ̥] で表される．ただし，これは東京方言を始めとする東日本（関東，東北）の

— 29 —

発音・文字

日本語の特徴であって，関西方言ではあまり見られない．このため，巧みに東京方言を操る関西人でも母音を無声化しないために関西出身とわかることがある．日本語の無声化の習慣をスペイン語に持ち込むことは禁物であり，時には意味が通じなくなる可能性もある．だから，特に東日本の日本語話者はスペイン語の quise（< querer ほしい），supe（< saber 知る）など日本語では無声化の起きやすい環境の [i] と [u] を無声化しないよう注意する必要がある．

＜参考6＞ 母音 /e/, /o/ の異音記述

　日本の比較的古い西和辞典の中には特に e と o に関して半狭の [e] と半広の [ɛ]，同じく半狭の [o] と半広の [ɔ] を音声表記で区別しているものがある．例えば，pelo（髪），pie（足）など開音節の e には [e]，papel, perro など閉音節や [x] の前の e には [ɛ] の記号が用いられ，また lobo（オオカミ），oro（金）など開音節の o には [o]，carro（荷車），hoja（葉）など [r] の前後や [x] の前の o には [ɔ] の記号が用いられている．このような記述はスペイン語音声学の古典とも言える Navarro Tomás（1971, 初版 1918）に基づいている．同書ではスペイン語の 5 母音について計 20 項目に分けて異音レベルの詳しい記述が行われている．前記辞典は e と o だけそれぞれ 2 種類の異音を条件異音として取り上げ，表記し分けているのである．しかし，最近の研究によると，これらが常に一貫して条件異音として交替するわけではなく，地域によっても相違が大きいことが明らかになっている．その上，多少の開口度の相違があったとしても，意味の区別に関わる性質のものではないので，こうした音声表記の違いはあまり気にする必要がないと言える．

4.6. スペイン語の母音連続

4.6.1. 母音連続の種類

　同じ語の中で二つ以上の母音が隣接する場合を母音連続（secuencia vocal）と呼ぶ．母音連続が同じ音節を構成する場合，つまり同音節的結合（agrupación vocal tautosilábica）の場合は，母音二つから成る二重母音と三つから成る三重母音とに分けられる．一方，母音連続が異なる音節にまたがる場合，つまり異音節的連続（combinación heterosilábica）の場合は母音接続（hiato）または母音分立と呼ばれる．なお，母音連続が同じ音節に属するか

— 30 —

否か，つまり同音節結合か母音接続かというのは，本質的には音韻論的にどう取り扱うかという問題であるが，音声学的に見ても多少の相違があると見られる．二重母音と母音接続を比較すると，二重母音の方が全体として持続時間がより短く，周辺母音から主音または主音から周辺母音への移行がより滑らかに行われるとされる．

4.6.2. 二重母音

二重母音（diptongo）および三重母音のような同音節母音結合を構成する母音は，その中の一つが音節の中核としてより長い持続を示し，音節主母音（vocal silábica）と呼ばれる．音節主母音と結合するそれ以外の母音は持続がより短く，周辺母音（vocal satélite o marginal）と呼ばれる．スペイン語の二重母音および三重母音にはかならず閉母音の [i] または [u] が周辺母音として含まれる．

A. 二重母音の種類

二重母音のうち音節主音が前で周辺母音が後に来る結合を下降二重母音（diptongo decreciente）と呼び，反対に周辺母音が前で音節主音が後に来る結合を上昇二重母音（diptongo creciente）と呼ぶ．周辺母音の [i] と [u] だけが相互に結合する場合もあり，これを平坦二重母音（diptongo homogéneo o llano）と呼ぶ．周辺母音は，IPA では音節副音（vocal no silábica）と呼び，記号 [̯] を付けて [i̯], [u̯] のように表記する．次に二重母音の種類とそれを含む語（一部は句）の実例を示す．

1）下降二重母音			
[ai̯]	aire, caray	[au̯]	aula, causa
[ei̯]	peine, ley	[eu̯]	euro, deuda
[oi̯]	hoy, boina	[ou̯]	bou, lo usó
2）上昇二重母音			
[i̯a]	piano, rabia	[u̯a]	suave, agua
[i̯e]	pie, diente	[u̯e]	mueble, fue
[i̯o]	miope, labio	[u̯o]	cuota, antiguo
3）平坦二重母音			
[i̯u]	ciudad, viuda	[u̯i]	ruido, fui

— 31 —

発音・文字

　下降二重母音と上昇二重母音のどちらのグループでも音節主音となるのは広母音 [a] または半狭母音 [e], [o] である．下降二重母音では開口度が広母音から半狭母音または狭母音に向かって小さくなるが，舌の上下の位置から見れば，名称とは逆に上がって行くことになる．反対に，上昇二重母音では開口度が狭母音から音節主音の広母音または半狭母音に向かって大きくなるが，舌の位置は下がって行くことになる．下降二重母音の中で [ou̯] という組み合わせは出現が非常にまれで，単語としてはほとんど実例がない．実例にあげた bou（曳網漁）はカタルーニャ語からの借用語である．

　平坦二重母音の場合は構成する母音がどちらも狭母音で，開口度も舌の上下の位置も同じ段階にあるが，後に来る母音が音節主音となるのが普通である．しかし，例外的に話し手によってどちらが主音になるか一定しない語もある：muy ['mu̯i / 'mui̯]（非常に），buitre ['bu̯i.tɾe / 'bui̯.tɾe]（ハゲワシ），fluido ['flu̯i.ðo / 'flui̯.ðo]（流動性の）．また，間投詞 uy ['ui̯]（痛い）は前の母音が音節主音になるとされる．

B.　周辺母音の子音化

　伝統的に，下降二重母音の場合のように音節主音の後に現れる周辺母音は半母音（semivocal）と呼ばれ，上昇二重母音の場合のように音節主音の前に現れる周辺母音は半子音（semiconsonante）と呼ばれる．スペイン語では上昇二重母音および平坦二重母音が頭子音なしで語頭に現れる場合（例えば，hiato（母音接続），hielo（氷），huevo（卵），huida（逃走）など），前に位置する半子音 [i̯] または [u̯] が強化され，子音化する現象が一般的である．つまり，二重母音（母音＋母音）というより子音＋母音の結合へと変質する．子音化には段階があり，[i] の場合は次のような変異を見せる．

周辺母音 [i̯] ＞接近音 [j] ＞摩擦音 [ʝ], [ʒ] ＞破擦音 [d͡ʝ], [d͡ʒ]

　半子音として機能する /i/ およびイェイスモ（Y音化）の地域において /j/ が摩擦音化して [ʒ] となる現象を狭義では摩擦的噪音化（rehilamiento）と言うことがある．ただし，この用語はスペイン語学独特のものであり，研究者によって用法，意味が異なることがある．

　一方，[u] の場合は次のような変異を見せる．

周辺母音 [u̯] ＞接近音 [w] ＞閉鎖音／摩擦音＋周辺母音 [gu̯] / [ɣu̯]

－ 32 －

4. 母 音

　それぞれどの段階まで子音化が進行するかは地域によって相違があり，同じ地域でも個人によって相違することがある．例えば，[i] の場合は hielo ['jelo / 'jelo / 'ʒelo / 'd͡jelo / 'd͡ʒelo] のような変異，[u] の場合は huevo ['weβo / 'ɡ̞weβo / 'ɣweβo] のような変異が見られる．

　接近音は子音の一種である．調音の際，何の妨げも受けない母音に対して接近音は調音器官による狭めが作られるが，その狭めが摩擦音よりも広いため，摩擦的噪音がほとんど聞こえない．スペイン語では有声硬口蓋接近音 [j] と有声軟口蓋接近音 [w] の２種類がある．それぞれ上記のような二重母音において母音音素 /i/ および /u/ の異音として出現する．ただし，[j] と [w] を母音と見るか子音と見るか，その音素解釈については意見の対立がある．また，頭子音の有無にかかわらず，上昇二重母音と平坦二重母音の周辺母音を等質な半子音と見なして [j], [w] で表記する考え方もある：piano ['pjano]（ピアノ），cuenta ['kwenta]（計算）．しかし，これらの音節に現れる周辺母音は音声学的に子音性が欠けているので，適切とは言えない．

　スペイン語の接近音 [j], [w] は英語で you, we のような語に現れる語頭の [j], [w] とほぼ等しい．日本語ではヤ行音およびワ行音に相当するが，日本語の場合はスペイン語より母音性が強い．スペイン語の硬口蓋接近音 [j] を発音するには唇の両端を横に引き，日本語のヤ行音よりも口の開きを小さくすることが必要である．この唇の構えで前舌面を硬口蓋にさらに接近させ，音をきしませると硬口蓋摩擦音 [j] に変質する．日本語のワ行音はスペイン語の [w] のような円唇性がなく，それと区別するため [ɰ] で表記されることもある接近音である．スペイン語の軟口蓋接近音 [w] は母音 [u] よりもさらに唇を突き出して丸め，後舌面を軟口蓋に向けて盛り上げ，調音する必要がある．後舌面と軟口蓋の狭めがさらに狭くなると [ɣ̞u]，閉鎖されてしまうと [ɡ̞u] に転化する．

― 33 ―

発音・文字

4.6.3. 三重母音

三重母音 (triptongo) は，いわば上昇二重母音と下降二重母音が結合したような組み合わせで，最初と最後の周辺母音が [i] か [u]，中央の音節主音が [a], [o], [e] のいずれかとなる構成をとる．実際に現れる種類は非常に限られており，特に音節主音が [o] となる例はまれである．次の 7 種類が見られるが，その実例はあまり多くない．この中で [iai], [iei] および [uai], [uei] は主に動詞の活用語尾に現れる．

類　型	実　例	類　型	実　例
[iai]	cambiáis, aguaitar	[iei]	cambiéis, vieira
[ioi]	dioico, radioisótopo	[iau]	miau, guaira
[uai]	Uruguay, continuáis	[uei]	buey, continuéis
[uau]	guau		

＜参考7＞　日本語の母音連続

日本語に現れる母音連続，例えばアイ（愛），オイ（おい，甥），ウイ（憂い），アウ（会う）などは基本的に母音接続であり，二重母音にはならない．しかし，日常的な会話では後の母音が周辺母音化し，二重母音のように実現されることもまれではない．

4.6.4. 母音接続

隣接する二つの母音が異なる音節に属する場合を母音接続または母音分立と言う．母音連続と呼ばれることもあり，紛らわしいが，本書では母音連続を上記のように広い意味で用いる．母音接続には次の四つの場合がある．

　1）半狭母音 [e] と [o] が隣接する場合
　　　[e.o]: feo（醜い），[o.e]: poeta（詩人）
　2）広母音 [a] と半狭母音 [e] または [o] が隣接する場合
　　　[a.e]: maestro（先生），[a.o]: ahora（今），[e.a]: idea（考え），[o.a]:
　　　oasis（オアシス）
　3）狭母音 [u] に強勢のある [i] が後続する場合
　　　[u'i]: huir（逃げる）
　4）強勢のある狭母音 [i] または [u] が [a], [e], [o] のいずれかと隣接する

― 34 ―

4. 母　音

場合

　　['i.a]: día（日），['i.e]: ríe（< reír 笑う），['i.o]: río（川），[a.'i]: país（国），

　　[e.'i]: reí（< reír），[o.'i]: oído（耳）；['u.a]: púa（とげ），['u.e]: actúe

　　（< actuar 活動する），['u.o]: búho（フクロウ），[a.'u]: baúl（トランク），

　　[e.'u]: reúno（< reunir 集める）

4.6.5. 同母音の連続

　同じ母音が二つ連続する場合，つまり重母音（vocal doble）も母音接続の一種であり，規範的には母音接続として発音される：creer [kɾe.'eɾ]（信じる），azahar [a.θa.'aɾ]（柑橘類の花），cooperación [ko.o.pe.ɾa.'θi̯on]（協力），chiita [tʃi.'i.ta]（シーア派），duunviro [du.um.'bi.ro]（[古代ローマの]二人官），しかし，日常的な発話では一つの母音に融合することが頻繁である．特にそれらの母音を含む音節が無強勢の場合は，単母音として実現されるのが通常である：reemplazo [rem.'pla.θo]（取替え）．一つの母音に強勢がある場合は，音声学的には持続時間の長い長母音として実現される：alcohol [al.'ko:l]（アルコール）．しかし，この場合も日常的なよりくだけた発話ではやはり融合し，単母音として実現される：[al.'kol].

　まれな例であるが，単母音か重母音かによって意味の相違が生じるような場合は，重母音がわかるように長母音として発音される：restablecer（回復させる）/ reestablecer（再建する），ultramoral（超倫理的な）/ ultraamoral（超反倫理的な）．

＜参考8＞　母音接続の二重母音化および二重母音・三重母音の母音接続化

　日常のくだけた発話では母音接続を構成する無強勢の母音が周辺母音化することがあり，イスパノアメリカの一部地域ではそれが進行して二重母音化することもある：teatro ['ti̯a.tro]（劇場），acordeón [a.koɾ.'di̯on]（アコーデオン）．反対に，二重母音のうち上昇二重母音または平坦二重母音を含む語の一部は，地域によりまたは発話の速度により母音接続化する現象も見られる：con.fié > con.fi.é（< confiar 信用する），ac.tuó > ac.tu.ó（< actuar 活動する），hui.do > hu.i.do（< huir 逃げる）．三重母音でも同様の現象が起きることがある：am.pliáis > am.pli.áis（< ampliar 広げる）．

— 35 —

発音・文字

4.7. スペイン語の母音体系の特徴

　スペイン語の母音体系を他の言語と対照すると，次のような特徴が見られる.

　1）スペイン語は /a/, /e/, /i/, /o/, /u/ の5母音体系を持つ. 世界の言語を見渡すと，少ないものでは北西カフカス諸語のカバルド語（cabardiano）のような2母音体系（/a/, /ə/, ただし，異音としては多数の母音が実現される），古典アラビア語，沖縄方言（琉球語）のような3母音体系（/i/, /a/, /u/）から多いものではフランス語のように16母音体系とされるもの（研究者によってフランス語の母音音素数は異なり，最小では7母音説もある）までさまざまである. しかし，より頻繁に見られるのは5母音体系であり，日本語もその例である. ただし，既述のとおり日本語とスペイン語では体系を構成する母音に多少の相違がある.

　2）スペイン語の母音音素はすべて口母音で鼻母音はない. 口母音（vocal oral）とは，調音する際，口蓋帆が持ち上がり，咽頭壁との間が閉じられて，鼻腔への呼気の流入が遮断され，気流が口腔だけを通過してそこを共鳴させる母音である. 一方，調音の際，口蓋帆が下がり咽頭壁との間の閉鎖が緩むと，呼気の一部は鼻腔にも流れ，口腔だけでなく鼻腔での共鳴も加わることになる. この現象を鼻音化（nasalización）と言い，鼻音化した母音を鼻母音（vocal nasal）と言う. ロマンス諸語の中ではフランス語，ポルトガル語が鼻母音を持つことでよく知られている. 鼻母音は IPA では音声記号の上に補助記号 [˜] を付して示される. 例えば，フランス語 vent [vã]（風）, bon [bɔ̃]（良い）, ポルトガル語 mão [mẽũ]（手）, bom [bõ]（良い）など.

　3）スペイン語では母音の長短の区別はない. 母音を調音する際，共鳴の持続時間が通常の長さのものを短母音（vocal breve），それより長いものを長母音（vocal larga）と言う. IPA では長母音は記号 [:] を母音記号の後に付して示す [a:]. 言語によっては母音の長さが示差的な場合がある. 例えば，日本語では母音に長短の区別があり，オバサンとオバアサン，オジサンとオジイサンは意味が異なる別の語である. ラテン語には母音の長短の区別があったが，スペイン語を始めとするロマンス諸語では失われた. スペイン語でも母音の現れる環境によっては通常より長めに発

— 36 —

4. 母 音

音されることもあるが，それは余剰的な特徴であり，意味の区別には関わらない．ただし，前記の重母音の場合には例外的に長母音が生じて意味の示差に関わることがある．ちなみに音韻論的に見ると，日本語，ラテン語など長短の区別があるとされる言語において長母音を短母音とは別の音素と考えるか，同じ母音音素の連続と考えるかは，研究者によって議論が分かれる問題である．

4）スペイン語では強勢の有無によって母音の実現が変わることはない．言語によっては強勢のある音節とない音節で母音の音色が変わることがある．例えば，スペイン語と同じイベロロマンス語に属するポルトガル語やカタルーニャ語では強勢のない音節の母音は一般に弱化し，場合によっては別の母音に音色が変わって実現される．例えば，カタルーニャ語では無強勢音節の a, e, o は開口度が小さくなり，音色が変わってしまう：casa ['kazə]（家），petit [pə'tit]（小さい），telèfon [tə'lɛfun]（電話）．これに対し，スペイン語では無強勢音節でも母音が変質することは通常はない．

5. 子　音

5.1. 子音とその分類

5.1.1. 子音の特徴と分類基準

　子音とは肺から出た呼気が口腔内で調音器官によって何らかの方法で妨害を受けて生じる音である．子音を調音的に分類するためには，一般に次の三つの基準が用いられる：(1) 声帯の活動，(2) 調音法および (3) 調音域．

5.1.2. 声帯の活動

　声帯の活動 (actividad de las cuerdas vocales) とは，調音の際，発声 (fonación) つまり声帯の振動があるかないかである．呼気がほとんど閉じている状態の声帯を振動させながら通過しているとき (声の状態) に生じる音を有声音 (sonora) と言う．反対に，呼気が開いている声帯をそのまま通過しているとき (息の状態) に生じる音を無声音 (sorda) と言う．

5.1.3. 調音法

　調音法 (modo de articulación) とは，調音器官が気流の妨げをどのようにして作り出すか，つまり妨げを作る方法である．調音様式とも言う．一般に，子音は阻害音 (obstruyente) と共鳴音 (sonante) に二分することができる．阻害音は調音の際，閉鎖または狭めにより気流が妨げを受けるため，そこを通過する際，噪音が生じる．阻害音は閉鎖音，摩擦音，破擦音に分類することができる．一方，共鳴音または鳴音は調音の際，声道の一部に妨げがあっても，気流は通路を確保されて流れるため共鳴が生じる．共鳴音は鼻音，側面音，はじき音，ふるえ音，接近音に分けることができる．こうして調音法により子音を分類すると次のようになる．

　　1) 閉鎖音 (oclusiva) ── 呼気が声道のいずれかの場所で完全に妨げられ，その閉鎖または開放の際に音が生じる．閉鎖が急激に開放されるこ

— 38 —

5. 子 音

とに着目して破裂音 (explosiva) と呼ぶこともあるが，閉鎖音が常に破裂を伴うわけではない．音節末の位置では通常，閉鎖の後で破裂が起きないからである．閉鎖音の例は [p], [b], [t], [d], [k], [g] など．

2）摩擦音 (fricativa) —— 呼気が声道のいずれかの場所にできる狭めを無理に通過しようとし，押し出される際に摩擦して生じる音である．閉鎖音と異なり，気流が完全に妨げられることはないので，呼気が続く限り持続して出すことが可能である．例えば，[f], [θ], [s], [x] など．

3）破擦音 (africada) —— 声道のいずれかの場所で閉鎖が作られた後，同じ場所で緩やかに開放が行われ，気流がその隙間を摩擦しながら流出して生じる音である．例えば，[t͡ʃ], [d͡ʒ] など．単一の子音として扱うことが多いが，閉鎖音と摩擦音が連続して生じたと考えることができる．そのため，IPA では第 2 次的調音として扱っていて，子音に破擦音という枠は設けていないが，密接な結合であることを示すため，厳密には合音 (sinalefa) を表す記号を上または下に付ける：[t͡ʃ].

4）接近音 (aproximante) —— 声道に妨げが生じるが，生じる狭めが比較的広いため，呼気が通過する際に摩擦を生じるほどにはならないで調音される．例えば，[j], [w] など．

5）側面接近音 (aproximante lateral) —— 従来は単に側面音と呼ばれた．上の歯茎または硬口蓋の中央部が舌尖または前舌面で閉鎖されるため，遮られた呼気が舌の両側または片側から流出して生じる音である．鼻音と同様，通常は声帯が振動する有声音である．例えば，[l], [ʎ] など．

6）鼻音 (nasal) —— 口腔内で閉鎖が作られ，同時に口蓋帆が下がって鼻腔への通路が開くため，呼気が鼻腔を通って音が生じる．口腔内に閉鎖ができる点では閉鎖音と共通する．鼻音は，声帯を振動させた呼気が鼻腔で共鳴して生じるので通常，有声音である．例えば，[m], [n], [ɲ] など．

7）はじき音 (percusiva) —— 舌尖が上の歯茎を 1 回だけ弾くようにして生じる音である．呼気は舌尖による瞬間的な閉鎖でせき止められ，直ちに開放されることになる．[ɾ] など．

8）ふるえ音 (vibrante) —— 歯茎に力を入れずに接近または軽く接触した舌尖が強い呼気に押されて離れ，舌の弾力によって再び接近・接触する．これが急速に数回繰り返されて生じる音である．例えば，[r] など．スペイン語学の伝統的な用語では，はじき音とふるえ音を合わせて顫動音

発音・文字

（せんどうおん, vibrantes）と呼び, 前者を単顫動音（vibrante simple）, 後
者を複顫動音（vibrante múltiple）として区別する. しかし, 名前に反し
て単顫動音は反復される振動（vibración）があるわけではないので, 最
近アカデミアはこの用語を不適当とし, 両方を合わせて rótica（R 音）と
呼び, vibrante はふるえ音のみに用いる. 本書でもこれを踏襲するが,
未熟な用語なので便宜的に顫動音も併用する. 伝統的に側面音と顫動音
はまとめて流音（líquida）と呼ぶことがある. 流音は他の子音よりも呼
気の妨げが少なく, 通常は有声音である.

5.1.4. 調音域

　声門から唇または鼻孔まで呼気が流れる経路, つまり声道において気流に
妨げが起きる場所を調音域（zona de articulación）または調音位置と言う. 調
音点（punto de articulación）と呼ぶこともあるが, 調音される場所はある程
度の広がりを持つので, 現在では用いられなくなっている. 調音域により子
音は次のように分類することができる.

1) 両唇音（bilabial）——上下の唇で調音する. 上あごは動かないので,
下唇が能動的調音体となり, 上唇に接触または接近する. 例えば, [p], [b],
[ɸ], [β], [m] など.

2) 唇歯音（labiodental）——上の前歯と下唇とで調音する. 例えば, [f],
[v], [ɱ] など.

3) 歯音（dental）——上の前歯と舌尖とで調音する. 例えば, [θ], [ð], [t],
[d] など. 舌尖が前歯の先端に付く [θ] などは歯間音（interdental）として
区別することもある.

4) 歯茎音（alveolar）——上の前歯の直後の歯茎と舌尖とで調音する. 例
えば, スペイン語（北部方言）の [s], [z] など. 調音域はある程度の広が
りを持つため, 特に歯音と歯茎音は明確に境界を分けられないことが多
い. また, 類似した音で同じ音声記号が用いられていても言語によって
調音位置が前後することがある. 例えば [t], [d], [n] は言語によって舌の
位置が異なり, 英語では歯茎音である. このため, IPA では厳密に区別
したい場合, 歯音は [t̪], 歯茎音は [t̺] のように補助記号を付ける.

5) 後部歯茎音（postalveolar）——上の歯茎後部から硬口蓋前部にかけて
の部分と舌尖とで調音する. 以前は, 歯茎硬口蓋音（palatoalveolar）と

— 40 —

5. 子 音

呼ばれた．スペイン語では前部硬口蓋音（prepalatal）とも呼ばれる．例えば，[ʃ], [ʒ], [t͡ʃ], [d͡ʒ] など．

6）そり舌音（retroflejo）—— 上の歯茎後部から硬口蓋前部にかけての部分に舌尖が持ち上がり，やや後方に向けて反り返って調音する．例えば，ヒンディー語などにある [ʈ], [ɖ]．そり舌音はスペインのスペイン語には現れない．

7）硬口蓋音（palatal）—— 硬口蓋と前舌面とで調音する．例えば，[ç], [j], [ɲ] など．

8）軟口蓋音（velar）—— 軟口蓋と後舌面とで調音する．例えば，[k], [g], [x], [ɣ], [ŋ] など．

9）口蓋垂音（uvular）—— 口蓋垂と後舌面とで調音する．例えば，アラビア語に現れる [q]，フランス語に現れる [R] など．後述のようにスペインの一部の方言には [χ] が現れる．

10）咽頭音（faríngea）—— 口の奥にある咽頭壁と舌根とで調音する．例えば，アラビア語に存在する [ħ] など．スペイン語には現れない．

11）声門音（glotal）—— 喉頭にある声門が閉鎖されるか，または少し狭められて摩擦を起こす．例えば，[ʔ], [h] など．

発音・文字

5.2. スペイン語の子音体系

5.2.1. 北部体系とS音化体系

　スペインのスペイン語（欧州スペイン語）を大別すると，北部方言と南部方言に分けられる．その北部方言の子音体系を音韻論的に観察し，整理すると，19の子音音素に還元することができる．これを子音の北部体系（sistema norteño）と呼ぶことにする．スペイン語北部体系の子音音素一覧を次に示す．各欄の左側は無声音，右側は有声音である．

	両唇音	唇歯音	歯間音	歯音	歯茎音	後部歯茎音	硬口蓋音	軟口蓋音
閉鎖音	p　b			t　d				k　g
摩擦音		f	θ		s		j	x
破擦音						t͡ʃ		
側面接近音					l		ʎ	
鼻音	m				n		ɲ	
はじき音					ɾ			
ふるえ音					r			

　ただし，現代では北部方言でも，硬口蓋側面音 /ʎ/ を硬口蓋摩擦音 /j/ に置き換える話者が多い．これは Y 音化（yeísmo）と呼ばれる現象で，歴史的にはスペイン南部から始まって北部にも広がった．したがって，北部体系でも Y 音化の地域あるいは話者は子音音素が一つ減って 18 となる．
　一方，スペインの南部方言の大部分とイスパノアメリカ方言の子音体系は少し異なる様相を示す．スペイン南部のアンダルシーアおよびイスパノアメリカでは歯間摩擦音 /θ/ が欠けていて /s/ と合流する．この現象を S 音化（seseo）と呼び，これを持つ体系を S 音化体系（sistema de seseo）と呼ぶ．この子音 /s/ は北部方言と異なり，一般に歯摩擦音 [s̪] で実現される．前記の北部体系は /θ/ と /s/ を区別するので，それに着目して歯間音区別体系（sistema distinguidor）とも呼ぶこともある．南米の一部地域を除くと，S 音化体系を持つ地域の大部分でも Y 音化が一般的である．したがって，この地域の大部分を占めるスペイン語方言では /θ/ と /ʎ/ が欠けていることになり，子音音素は 17 に縮小する．次にスペイン語 S 音化体系における子音音

― 42 ―

5. 子 音

素一覧を示す.

	両唇音	唇歯音	歯音	歯茎音	後部 歯茎音	硬口蓋音	軟口蓋音
閉鎖音	p　b		t　d				k　g
摩擦音		f	s			j	x
破擦音					t͡ʃ		
側面接近音				l			
鼻音	m			n		ɲ	
はじき音				ɾ			
ふるえ音				r			

＜参考9＞　スペイン語の方言

　スペインのスペイン語は半島スペイン語（español peninsular），最近のアカ
デミアの用語では欧州スペイン語（español europeo）と呼ばれる．半島スペ
イン語と言うと北アフリカ沿岸のカナリア諸島が除外されてしまうので適当
ではないという理由である．北部方言（dialectos septentrionales）と南部方言
（dialectos meridionales）とに大別することができる．北部方言の領域は，北
はカンタブリア，バスク自治州から南はカスティーリャ・イ・レオン自治州
の全域とカスティーリャ・ラ・マンチャ東部のクエンカ県までを含む地域で
ある．南部方言の中心はアンダルシーア自治州であるが，その北のエストレ
マドゥーラ，カスティーリャ・ラ・マンチャ南部，ムルシアおよびカナリア
諸島を含む．マドリードは本来北部方言に属するが，南部方言との接点に位
置し，近年は南部方言の影響が著しい．ただし，S 音化体系は南部方言の中
でもアンダルシーア方言とカナリア諸島方言に限られる．他の地域は北部方
言とともに北部体系を共有する.
　中南米，より正確にはイスパノアメリカのスペイン語方言（イスパノアメ
リカ方言）はアメリカ・スペイン語（español americano）とも呼ばれる．これ
にはアメリカ合衆国のヒスパニック系が話すスペイン語も含まれる．アメリ
カ・スペイン語はスペイン南部方言，特にアンダルシーア方言と共通する特
徴を示す．その一つは S 音化体系を共有することである.

5.2.2. スペイン語子音の変異

　子音音素は実際の発話で音声学的に実現されるとき，さまざまの変異を見せることがある．北部体系およびＳ音化体系の方言を含めてスペイン語に現れる主要な異音をまとめると，次のように分類することができる．

	両唇音	唇歯音	歯間音	歯音	歯茎音	後部歯茎音	硬口蓋音	軟口蓋音	口蓋垂音	咽頭音	声門音
閉鎖音	p b			t d				k g			
摩擦音	φ β	f	θ θ̬ / θ̠ θ̬̠	ð / ð̠	s z / s̠ z̠	ʃ ʒ / ɕ ʑ	ç j	x ɣ	χ	ħ	h
破擦音						t͡ʃ d͡ʒ	d͡j				
側面接近音					l		ʎ				
鼻音	m	ɱ			n		ɲ nʲ	ŋ			
はじき音					ɾ						
ふるえ音					r				R		

5.3. スペイン語の子音音素

5.3.1. 閉鎖音

A. /p/

　音声学的には常に無声両唇閉鎖音 [p] で実現される：papá（パパ），primo（いとこ），mapa（地図），apto（適した）．下唇が上唇に接して完全に閉鎖され，口腔内で呼気がせき止められた後，両唇が開いた瞬間にせき止められていた気流が破裂するように勢い良く流出して音が生じる（図16）．音節末の位置（内破の位置）にある場合，完全な破裂は起きず，日常の早い会話では音が脱落しがちとなる：septiembre [se(p)'tiembɾe]（９月），óptimo ['o(p)timo]（最良の）．

　[p] は日本語のパ行とほぼ同じである．英語の [p] は強勢音節に現れると有気音となる（pipe, park）．英語では同様の環境で他の無声閉鎖音 [t], [k] も帯気音化する（take, kiss）．しかし，スペイン語では通常そうした現象が起き

— 44 —

ないので，英語に熟達した人は英語の癖を持ち込まないよう注意する必要がある．

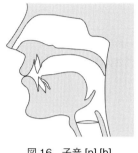
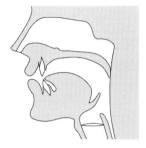

図 16. 子音 [p] [b]　　　　図 17. 子音 [β]

B. /b/

この音素は，音声学的には次の二つの異音で実現され，両者は相補分布する．つまり，次のどちらかの音声的環境で一方の異音だけが現れ，他の異音は排除される条件異音である．どちらも調音の際声帯が振動する有声音である．

1）有声両唇閉鎖音 [b] —— 休止または [m] の直後：bajo（低い），breve（短い），cambio（変化），un vaso（一つのコップ）
2）有声両唇摩擦音 [β] —— その他の環境：iba（< ir 行く），favor（好意），la vaca（その雌牛）

両唇閉鎖音 [b] は無声音 [p] に対応する有声音である（図 16）．「休止の後」は語頭と言い換えるとわかりやすいが，正確ではない．例えば，vaca を単独で発話すると，語頭の v は閉鎖音 ['baka] で発音される．しかし，la vaca という連鎖になると，語頭であっても休止の後ではないので，摩擦音 [la'βaka] に変わってしまうからである．一方，両唇摩擦音 [β] は両唇が完全に閉鎖されず，狭い隙間を気流が流れ出て摩擦が生じる（図 17）．音節末（内破）の位置では弱化し，時には脱落することもある：substancia [sus'tanθia]（物質），obstáculo [os'takulo]（障害）．特に接頭辞 sub- の後に子音連続が現れる場合は -b- が脱落するのが普通で，このため最近では -b- を書かない綴り字が一般的である：sustancia, sustituir（< substituir 置き換える）．

両唇閉鎖音 [b] は日本語のバ行とほぼ同じと考えてよい．しかし，日本語でも日常的な発話では，語中のバ行は摩擦音 [β] となりやすい：ロバ，カバ，

発音・文字

スペイン語には英語・フランス語のような有声唇歯摩擦音 [v] は一部地域を除くとない．文字 b と v はどちらも同じ音素 /b/ を表しており，その使い分けは語源に基づく正書法の慣習に従う．

C. /t/

常に無声歯閉鎖音 [t] で実現される：toro（雄牛），tren（列車），dato（資料），ritmo（リズム）．舌尖が上の前歯の裏側に付き，呼気が完全にせき止められた後，舌尖が離れた瞬間に破裂するように気流が勢い良く流出して音が生じる（図18）．音節末の位置では完全な破裂が起きず，弱化しがちである．早い会話では脱落したり，摩擦音化することもある：atleta [að'leta]（陸上選手）．

日本語のチ，ツを除くタ行の子音は歯茎閉鎖音と記述されるのが普通であるが，スペイン語の [t] とそれほど相違がない．しかし，同じく歯茎閉鎖音とされる英語の [t] は調音位置がより後ろであり，聞いた感じも異なる．スペイン語で同様の発音をすると不自然な英語訛りに聞こえてしまう．また，スペイン語では通常，英語のように帯気音化が起きることはない．

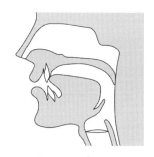

図 18．子音 [t] [d]

D. /d/

この音素は二つの条件異音で実現される．つまり，両方の異音は相補分布を示す．

1）有声歯閉鎖音 [d] ―― 休止または [n], [l] の直後：daño（損害），drama（ドラマ），mundo（世界），aldea（村）
2）有声歯摩擦音 [ð] ―― その他の環境：cada（それぞれの），padre（父親），la dama（その貴婦人）

歯閉鎖音 [d] は無声音 [t] に対応する有声音である（図18）．これに対し歯摩擦音 [ð] は，舌尖が上の前歯の裏側に完全に密着しないため，狭い隙間が

— 46 —

5. 子 音

生じ，そこを気流が摩擦しながら流出して調音される（図19）．音節末の [ð] は弱化しやすく，特に語末では脱落することも頻繁にある：verdad [beɾ'ða]（真実），usted [us'te]（あなた）．北部方言の一部では脱落せずに無声化することもある：verdad [beɾ'ðaθ]．また，くだけた発話では過去分詞の語尾 -ado の母音間の -d- が脱落することもあるが，社会的に標準以下のスタイルと見なされる：cansado [kan'sao]（疲れた）．アンダルシーア方言では -ado に限らず，母音間の -d- が脱落することがあるが，さらに下層のスタイルと見なされる：nada > ná ['na]（何も…ない），aburrido > aburrío [aβu'rio]（退屈した）．

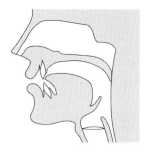

図 19. 子音 [ð]

閉鎖音の [d] は日本語のダ行（ダ，デ，ド）とほぼ同じである．英語の [d] は無声音の [t] と同様，スペイン語よりも調音位置が後ろの歯茎音である．

スペイン語の摩擦音 [ð] は，同じ記号で表記される英語の that に現れる歯間摩擦音 [ð] とよく似た音である．しかし，スペイン語の歯音 [ð] は英語の歯間音 [ð] よりも調音位置がやや後ろ寄りで舌尖が上の前歯の裏側に近接し，英語ほど摩擦も強くないとされる．

E. /k/

常に無声軟口蓋閉鎖音 [k] で実現される：capa（ケープ），claro（明るい），poco（わずかな），acto（行為）．舌尖は下がり，後舌部舌背が持ち上がって軟口蓋に接し，完全な閉鎖が作られ，呼気がせき止められた後，舌背が瞬間的に離れ，破裂するようにせき止められた気流が流出して音が生じる（図20）．音節末の位置では完全な破裂が起きず，弱化する：acto, coñac（コニャック）．

日本語のカ行とほぼ同じであるが，キの子音は口蓋化して [kʲ] となるため，スペイン語の quizá（たぶん），aquí（ここに）などの [ki] の音節に日本語のキを持ち込まないよう注意する必要がある．口蓋化（palatalización）とは，子

音の調音の際に前舌面が硬口蓋に向かって持ち上がる現象で，日本語では通常イ段のどの子音にも起きる現象である．スペイン語の [k] も前舌母音 [e]，[i] の前では調音位置がやや前よりになるが，通常口蓋化することはない．また，英語のような帯気音化は，[p], [t] と同様 [k] にも通常起きることはない．

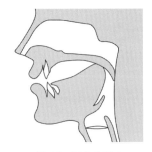

図20．子音 [k] [g]

F. /g/
この音素は二つの条件異音で実現される．
 1）有声軟口蓋閉鎖音 [g] —— 休止または [n] の直後：gato（ネコ），grande（大きい），tengo（< tener 持つ），hongo（きのこ）
 2）有声軟口蓋摩擦音 [ɣ] —— その他の環境：agua（水），droga（麻薬），vago（曖昧な），la gota（そのしずく）

軟口蓋閉鎖音 [g] は無声音 [k] に対応する有声音である（図20）．一方，軟口蓋摩擦音 [ɣ] は後舌部舌背が持ち上がって軟口蓋に接近するが，密着せず狭い隙間を作る．そこを気流が摩擦しながら流出して音を生じさせる（図21）．日常的な発話では摩擦が十分に起きずに，母音間で軟口蓋接近音 [w] になることもある：agua ['awu̯a]．逆に，二重母音の [u̯e] が語頭では強められて摩擦を生じ，[ɣu̯e] となる現象も見られる：hueso ['ɣu̯eso]（骨）．

閉鎖音の [g] は日本語の鼻濁音でないガ行にほぼ等しい．東京方言など東日本の日本語ではガ行に2種類の異音がある（別の音素と考える説もある）．休止の直後（ガイコク）や擬態語（ガラガラ），数詞（15 = ジュウゴ）など一定の語については閉鎖音の [g] であるが，それ以外ではいわゆる鼻濁音，つまり軟口蓋鼻音の [ŋ] になる（コクガイ，イギリス）．鼻濁音を日常使う話者はスペイン語の tango ['taŋgo]（タンゴ）のような語を発音する際，この習慣を持ち込んで日本語のタンゴ [taŋŋo] のようにしないよう注意する必要がある．

— 48 —

5. 子音

また，日本語のギの子音は口蓋化した [gʲ] または [ŋʲ] となるが，スペイン語では通常は口蓋化が起きない．

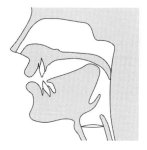

図21．子音 [x] [ɣ]

<参考10> 帯気音化

帯気音化(aspiración)とは閉鎖音の後で母音の調音ため声帯が振動を開始するまでに時間が空く，つまり声が遅れて出る現象である．言語によっては無気音と有気音が示差的，つまり意味の区別にかかわる場合もあり，中国語や朝鮮語がその例である．例えば，中国語 bái 白（白い）/ pái 牌（札，看板）．中国語のラテン文字表記（拼音 pinyin）で p/b は無声音 / 有声音ではなく，無気音 / 有気音の対立を示す．

5.3.2. 摩擦音

A. /f/

常に無声唇歯摩擦音 [f] で実現される：fama（名声），fruta（果物），fuego（火），gafa（眼鏡）．上の前歯に軽く下唇が接し，歯と唇の間を気流が摩擦しながら流出して音が生じる（図22）．ただし，中米や南米の一部などでは無声両唇摩擦音 [ɸ] で実現されることもある．この音は両唇の隙間を呼気が流出して生じるもので，音声学的に見ると，これに対応する有声音は前記 /b/ の異音として現れる [β] である．[ɸ] は日本語のフに現れる子音であり，外来語で英語などの f を表すための表記ファ，フィ，フェ，フォ（ファン，フィルムなど）でもこの音が用いられるのが普通である．

日本語に [f] はないが，英語の foot, safe などに現れる f はスペイン語とほぼ同じ音である．

発音・文字

図 22. 子音 [f]

B. /θ/

北部体系では無声歯間摩擦音 [θ] で実現される：cena（夕食），zona（地帯），luz（光）．舌尖が上の前歯の先に接し，舌と歯の隙間から呼気が摩擦して流れ出て音が生じる（図 23）．しかし，くだけた早い発話では舌尖が十分前に出ず，上の前歯の裏側に接して調音されることも多い．名称は歯間音であるが，上下の前歯で舌を挟むことが必要なわけではなく，重要なのは上の前歯に舌が接することである．

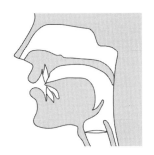

図 23. 子音 [θ]

直後に有声子音が来る環境では有声化して有声歯間摩擦音 [θ] となることもある：juzgar [xuθ'ɡaɾ]（判断する）．IPA では無声音 [θ] に対応する有声音は [ð] であるから，この音を [ð] で表すことも可能であるが，そうすると前記 cada などに現れる有声歯摩擦音 [ð] とまったく同じになるという不都合が生じる．この点に関し辞書・専門書によって記号の使い分けに相違がある．
スペイン南部やイスパノアメリカなど S 音化体系の方言では，この音素 /θ/ は存在せず，/s/ で置き換えられる．したがって，coser（縫う）/ cocer（煮

— 50 —

5. 子 音

炊きする), casa (家) / caza (狩猟), sima (深い穴) / cima (頂上) などは正書法だけが異なる同音異義語となる.

　スペイン語の [θ] は, 英語の think, thank などに現れる [θ] とほぼ同じ音と言ってよいが, 英語の場合は舌尖が上の前歯の裏側に接するのに対し, スペイン語の注意深い発音では調音位置がもっと前よりで, 舌尖が前歯にしっかりと接し, 摩擦もより強いとされる. 日本語には [θ] は存在しないが, 子どもや大人の一部でサ行をこれに近い音で発音している人が少数ながら観察される.

C. /s/

　地域により変異があり, 北部方言では無声舌尖歯茎摩擦音 (fricativa apicoalveolar sorda) [s̺] で実現される. 舌尖が後ろに反り気味になって歯茎に接近し, 舌の中央にできる縦の凹みを流出する気流が摩擦しながら通過して音を生じさせる (図24). 英語の [ʃ] にやや近い音に聞こえるが, それほど摩擦は強くなく, また唇が丸まることもない. この音はスペイン北部・中部のほか, アンダルシーアの一部の北部体系を保つ地域やコロンビア・エクアドル・ペルーのアンデス地域でも聞かれる.

　一方, 南部方言およびアメリカ・スペイン語の大部分では無声前部舌背歯摩擦音 (fricativa predorsodental sorda) [s̪] で実現される. 舌尖は下がって下の前歯の裏側に軽く接し, 前舌面が盛り上がって歯茎に接近し, 舌の中央の縦の凹みを呼気が摩擦しながら通り, 音を生じさせる (図25). S音化体系の方言ではこの音が一般的である. 日本語のサ行音 (シを除く) や英語の [s] の聞こえはこの音に近いが, 調音域では歯茎音とされる. ちなみに, 日本語シの子音は [ʃ] で表記されることもあるが, 調音域がより後ろで, 厳密には無声歯茎硬口蓋摩擦音 [ɕ] である.

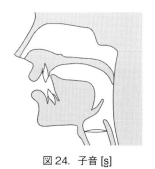
図24. 子音 [s̺]

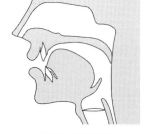
図25. 子音 [s̪]

発音・文字

　アンダルシーア南部ではカタカナで書くと同じになってしまうが，既述の
ものとは別のセセオ (ceceo) が見られる．音素 /θ/ と /s/ の区別がなく，/s/ に
合流している点はどちらも共通しているため，広い意味では S 音化体系を
共有していると言ってよいが，その音声学的実現が異なるのである．日本語
で区別する場合は seseo を S 音化，ceceo を C 音化と呼ぶことにする．C 音
化も多少の変異を伴うが，代表的なものは，/s/ が後部歯間歯音
(postinterdentodental) と呼ばれる [θ̞] で実現される．この音は，舌尖はやや
下がり気味で舌頂が上の前歯の裏側に接近し，呼気が舌と前歯の隙間を摩擦
して通り調音される．北部体系の [θ] と似た音である．この異音が用いられ
るのは，アンダルシーア南部の西から東へ向かってウエルバ県南部からカ
ディス県，マラガ県，グラナダ県西部およびアルメリア県の一部に至る沿海
地域と内陸のセビーリャ県である．ただし，そうした地域にあっても，州都
セビーリャやアルメリーアのような都会では S 音化が普通であり，C 音化は
社会的に低い階層の卑俗的な発音と見なされる．

　S 音化または C 音化が見られる地域では，どちらでも /s/ が音節末の位置
に来ると，声門摩擦音 [h] で実現される現象が広く見られる：este ['ehte] (こ
れ)，dos ['doh] (2)．S の気音化 (aspiración) と呼ばれるものであるが，場合
によってはこの気音が脱落することもある．一方，北部体系では，/s/ が有
声子音の直前で有声化して舌尖歯茎音 [z̦] となることがある：mismo
['miz̦mo] (同じ)，isla ['iz̦la] (島)．

　D.　/ʝ/
　一般に現れる環境により二つの条件異音で実現される．
　1）有声硬口蓋破擦音 [d͡ʝ] —— 休止または [n], [l] の直後：ya (すでに)，
　　hierba (草)，inyección (注射)，el yate (そのクルーザー)
　2）有声硬口蓋摩擦音 [ʝ] —— その他の環境：ayer (昨日)，ayuno (断食)，
　　haya (ブナ)

　硬口蓋摩擦音 [ʝ] を調音するときは，舌尖は下の前歯の裏側に軽く接し，
舌背が丸く盛り上がって硬口蓋に接近し，舌と硬口蓋の間の狭い隙間を呼気
が摩擦して通り抜ける (図 26)．

5. 子 音

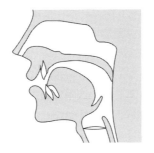

図26. 子音 [ɟ]

　一方，硬口蓋破擦音 [d͡ɟ] を調音する際は，舌尖は下の前歯の裏側に軽く接し，舌背が丸く盛り上がって硬口蓋に広く接触し，呼気をせき止めるが，次の瞬間急速に緩んで硬口蓋との間に隙間が生じ，気流が摩擦して通り抜ける．この音は研究者によっては [d͡ʒ]（有声後部歯茎破擦音）で表記されることもある．この [d͡ʒ] は英語の judge などに現れる音であり，スペイン語の [d͡ɟ] と聞こえは似ているが，舌尖が持ち上がって前舌部が上の歯茎から硬口蓋にかけて接触する点が異なっている．ただし，スペイン語でも [n], [l] の後ではこの音になるのがむしろ普通である．いずれにせよ，/j/ は語頭の位置では強化され，破擦音化するのが一般的である．

　音素 /j/ の実現は，地域によってもかなり変異がある．アルゼンチン，ウルグアイを含むラ・プラタ地域，コロンビアの一部およびコスタリカではあらゆる位置で有声後部歯茎摩擦音 [ʒ] によって実現される：oye [ˈoʒe]（< oír 聞く），yo [ˈʒo]（私）．この現象は，既述のとおり伝統的な用語では摩擦的噪音化と呼ばれ，その結果生じた摩擦音を rehilado（摩擦的噪音）と呼ぶ．アルゼンチンの一部ではさらにこれを無声化した後部歯茎摩擦音 [ʃ] で発音する話者もいる．無声と有声の違いはあるが，どちらの音も調音する際は，前舌面が上の歯茎後部から硬口蓋前部にかけて持ち上げられ，作られた狭めを呼気が通り抜けて生じる摩擦音である．その際，唇は少し丸めを伴う．

　語頭の /j/ が強化されるのとは対照的に母音間にこの音素がある場合（e.g. oye, haya）は，摩擦が弱まって弱化し，硬口蓋接近音 [j]，さらには摩擦のない周辺母音の [i̯] に変化する現象も存在する．こうした傾向はスペイン北部のカンタブリアやナバラ，アラゴン地方などで見られる．

　スペインとイスパノアメリカに広がるイェイスモ（Y音化）の地域では音

発音・文字

素 /ʎ/ が /j/ に合流してそれと同様に発音される：lluvia ['djuβia]（雨），calle
['kaje]（通り）．ラ・プラタ地域も同様であるが，実現する音は上記のとおり
['ʒuβia], ['kaʒe] または ['ʃuβia], ['kaʃe] となる．

　スペイン語の [j] に対して，英語の yellow, young などに現れる [j] は有声
硬口蓋接近音で，スペイン語のような摩擦がない．日本語のヤ行音も同じく
接近音 [j] であるが，英語以上に噪音がなく，母音に近い．したがって，特
に ya, hierba などの語頭子音をヤ行音で発音すると摩擦がないためスペイン
語らしく聞こえない．その一方で，スペイン語の /j/ をすべてジャ行音で代
用する日本人もいるが，これがスペイン語の正しい発音と思い込むのは少々
問題である．日本語の一般的なジャ行子音は有声後部歯茎破擦音 [d͡z]（語中
では時に有声後部歯茎摩擦音 [z] になることもある）であるから，語頭では
ヤ行音で発音するよりスペイン語らしい音に聞こえるが，語中でもそれを押
し通すとスペイン語としてはあまり一般的とは言えない発音になる．

E. /x/

　一般的には無声軟口蓋摩擦音 [x] で実現される：gente（人々），caja（箱），
reloj（時計）．後舌面が軟口蓋に向かって盛り上がり，舌背後部と軟口蓋中
央部との間に狭めが作られ，その隙間を呼気が通過して摩擦が生じる無声音
である．/g/ の異音として現れた [ɣ] に対応する無声音である（図 21）．reloj
のように語末に現れる場合は弱化し，脱落することもある．

　この音素は地域により変異がある．マドリードなどスペインの一部の地域
では調音域が [x] よりも少し後ろ寄りとなり，無声口蓋垂摩擦音 [χ] で発音
されることがある．この音は，後舌面が後方に向かって持ち上がり，軟口蓋
の最後部にある口蓋垂との間で狭めが作られ，呼気が口蓋垂の両側を通過し
て強い摩擦を起こす．他の地域でも後舌母音の前ではそうなりやすい：juez
['χueθ]（裁判官）．

　アンダルシーアとイスパノアメリカの丁寧な発話では北部方言と同じ [x]
であるが，通常は摩擦が弱く，気音（aspirada）と呼ばれる [h] に近づく．い
わゆる気音にも多少の変異があり，イスパノアメリカは [h] または [ħ] が一
般的である．このうち無声咽頭摩擦音 [ħ] は，後舌が喉の奥へと後退し，舌
根と咽頭壁との間に狭めが作られ，そこを呼気が通過する摩擦音である．こ
れに対し，無声門摩擦音 [h] は喉頭の声帯に挟まれた声門を息が通過する
際に生じる摩擦音である．一方，チリでは母音 /e/, /i/ の前で無声硬口蓋摩

— 54 —

擦音 [ç] が現れることが多い：gente ['çente]．これは前舌面が盛り上がって硬口蓋との間に狭めが作られ，生じる摩擦音である．

　日本語のハ行の子音は，通常ハ，ヘ，ホは無声声門摩擦音 [h]，ヒ，ヒャ，ヒュ，ヒョは無声硬口蓋摩擦音 [ç]，フは無声両唇摩擦音 [ɸ] で発音される．しかし，強い驚き，感嘆を表す「はあ，ほう」などの間投詞でハ行が強調される場合は，[x] が生じることがある．また，プロの歌手や駅の録音された案内放送ではフを発音する際，マイクに息がかかるのを避けて意図的に [x] を用いるテクニックも用いられるようである．

5.3.3. 破擦音 /t͡ʃ/

　一般に無声後部歯茎破擦音 [t͡ʃ] で実現される：chico（子ども），mucho（多くの），hacha（斧）．調音するときは，舌背前部が上の歯茎から硬口蓋の境目にかけて接触して閉鎖が作られ，一旦呼気がせき止められるが，次の瞬間舌がゆるみ，気流が通過して摩擦が生じる（図 27）．

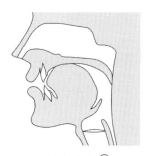

図 27. 子音 [t͡ʃ]

　この音素は地域により多少の変異がある．一方は，破擦音を構成する閉鎖の後の摩擦的要素が弱まる傾向で，粘着的 (adherente) 変異と呼ばれ，[tʲ]（口蓋化された [t]）に近づく．アンダルシーアやイスパノアメリカの多くの地域で見られる．他方は逆に，前の閉鎖的要素が弱まり脱落する傾向で，後部歯茎摩擦音 [ʃ] に変化する．メキシコ北西部，パナマ，ドミニカなどで見られる：chino ['ʃino]（中国の）．

　英語の check, match などに現れる [t͡ʃ] はスペイン語とほぼ同じであるが，英語のほうが摩擦が強いとされる．日本語のチ，チャ行の子音はスペイン語や英語の [t͡ʃ] に似た音なので，同じ記号で表記されることもよくあるが，厳

密には無声後部歯茎破擦音 [t͡ç] であり，スペイン語よりも舌背が上あごと接触する面が少なく，後舌面の盛り上がりも少ない．

5.3.4. 側面接近音

A. /l/

一般に有声歯茎側面接近音 [l] で実現される：lata（ブリキ），clase（クラス），escala（はしご），miel（蜜）．舌尖が上の歯茎の中央に接触したまま閉鎖を作るため，呼気は正面から出られず，舌の両側面または片側から流出する．調音の際，呼気が声帯を震わす有声音である（図 28）.

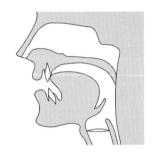

図 28．子音 [l]

地域によってこの音素の実現に変異が生じることもある．スペイン南部，カナリア諸島，カリブ海地方，中米では音節末で R 音化（rotacismo）という現象が起き，[l] がはじき音 [ɾ] に変化することがある：bolsa [ˈboɾsa]（袋）．

英語の l には二つの異音がある．「明るい l（clear l）」と呼ばれる異音はスペイン語の [l] と同じである．しかし，salt, feel などの音節末に現れる「暗い l」（dark l）と呼ばれる音は後舌面が軟口蓋に向かって少し盛り上がって発音される（軟口蓋化の記号を付けて [ɫ] で表される）．米国人は音節末に限らずこの音を用いる人が多いと言われる．スペイン語には通常この音はないので，英語の達者な人は sal（塩），hotel（ホテル）など音節末の l を発音する際，英語の習慣を持ち込まないよう注意を要する．

日本語のラ行は [ɾ] で表記されることが多いが，実際にはいくつかの異音で実現され，語頭では [l] に近い音になっていることが多い：ランプ，リンゴ．しかし，日本語では [l], [r], [ɾ] のいずれで発音しても同じラ行として聞き取られるのに対して，スペイン語はそれぞれ別の音素であり，意味の区別

に関わる．スペイン語の発音の中で特に [l] と [ɾ] を聞き分け，発音し分けるのは生来の日本語話者にとってもっとも難しいと言える．聞き分けるためにはまず自分できちんと区別して発音できることが重要である．

B. /ʎ/

本来この音素は有声硬口蓋側面接近音 [ʎ] で実現される：llano（平らな），calle（通り），gallo（雄鶏）．舌尖は舌の前歯の裏側に付けられ，舌背は盛り上がって硬口蓋に広く接触する．呼気は舌背で遮られるため舌の両側面を流れ出る（図29）．有声音である．実は，このような伝統的な [ʎ] の発音は，現在のスペイン語圏の中ではもはや少数派である．スペイン北部・東部ではアラゴン，ナバラ，リオハ，カスティーリャの一部，南部ではアンダルシーアとカナリア諸島の僻地，イスパノアメリカではコロンビアとペルーのアンデス地方，ボリビア，チリとパラグアイの一部などがこの音を保っている．

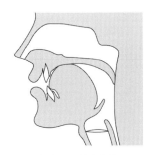

図29．子音 [ʎ]

これに対し上記以外のスペインとイスパノアメリカの大部分の地域では /ʎ/ が消失し，硬口蓋摩擦音 /j/ に合流した．この現象をイェイスモ（Y音化）と呼び，そうした話者をイェイスタ（yeísta）と呼ぶ．一方，伝統的な [ʎ] を発音する話者は lleísta と呼ばれるが，イェイスタの発音ではこの語も同音になってしまうので，no yeísta（非イェイスタ）と呼ぶのが普通である．Y音化の地域では /ʎ/ は /j/ と対立しないので，callado（黙った）/ cayado（羊飼いの杖），olla（鍋）/ hoya（穴），pollo（チキン）/ poyo（壁に作り付けのベンチ）は発音上では同音異義語となる．ただし，実現される音は /j/ の項で示したとおり地域によってかなり相違がある．[ʎ] と [j] の大きな違いは，前者が側面接近音という名称が示すとおり呼気が舌の中央の隙間（中線）では遮られて舌の両側面から流出するのに対して後者は舌面が硬口蓋に接触しない

発音・文字

め呼気が舌の中線を通って流出することである.

/ʎ/ と /j/ を区別する非イェイスタの地域では，これらの音素をそれぞれ [ʎ] と [j] として実現するのが一般的であるが，パラグアイおよびアルゼンチンの一部などグアラニー語の影響の強い地域では [ʎ] と [d͡ʒ] の対立として実現される：olla ['oʎa] / hoya ['od͡ʒa].

歴史的に見ると，Y 音化と同様の音変化はフランス語やルーマニア語でも起きたが，イタリア語やポルトガル語，カタルーニャ語では一部の方言を除き [ʎ] が維持されている．英語や日本語にはこの音は存在しない．カナ書きでは便宜的にリャ行で転写されることもある（Sevilla セビーリャ）が，まったく異なる音である．

5.3.5. 鼻音

A. /m/

一般に有声両唇鼻音 [m] で実現される：mano（手），cama（寝台），ambos（両方の）．両唇が閉じて閉鎖が作られるが，同時に口蓋帆が下がるので，呼気は鼻腔へ流出する（図 30）．調音の間，声帯が震える有声音である．日本語のマ行の子音も同じ音である．

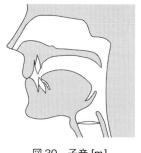 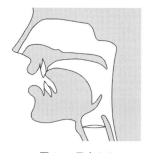

図 30. 子音 [m]　　　図 31. 子音 [n]

B. /n/

現れる環境によりいくつかの異音で実現される．すなわち，次のような条件異音を持つ．

1）有声軟口蓋鼻音 [ŋ] —— [k], [g], [x], [w] の直前：cinco (5), tengo (< tener 持つ), ángel（天使），con huevos（卵で）

2）有声両唇鼻音 [m] —— [p], [b] の直前：un punto（ある点），un beso（一

— 58 —

5. 子 音

つのキス），enviar（送る）

3）有声唇歯鼻音 [ɱ] —— [f] の直前：enfermo（病気の），anfibio（水陸両生の）

4）有声硬口蓋鼻音 [nʲ] —— [t͡ʃ], [ʎ], [j] の直前：ancho（幅の広い），con llave（鍵で），inyección（注射）

5）有声歯茎鼻音 [n] —— その他の環境：nada（何も…ない），lana（羊毛），antes（前に），hablan（< hablar 話す）

最後に挙げた歯茎鼻音 [n] が代表的な異音である．調音する際は，舌尖が上の歯茎に付けられ，呼気がせき止められるが，同時に口蓋帆が下がり，気流は鼻腔へ流出する（図31）．その間，声帯が震える有声音である．これ以外の異音は，この歯茎音 [n] が直後に来る子音と同じ調音位置の鼻音に交替したものである．

その直後に両唇閉鎖音 [p], [b] が来ると，両唇鼻音 [m] が現れる．また，直後に [m] が来る場合，丁寧な発話では [n] のままであるが，早い発話では同化して [m] になるのが普通である：inmediato [imme'ðiato]（即時の），conmigo [kom'miɣo]（私と）．さらに，日常のくだけた発話ではこの重複子音が一つの [m] に縮小されてしまう：[ime'ðiato], [ko'miɣo]．唇歯摩擦音 [f] の直前では唇歯鼻音 [ɱ] で実現される．軟口蓋音 [k], [g], [x] の直前では軟口蓋鼻音 [ŋ] で実現される．後部歯茎破擦音 [t͡ʃ] および硬口蓋音 [ʎ], [j] の直前では口蓋化が起きて硬口蓋鼻音 [nʲ] で実現される．これらの異音は日本語話者が発音しても，自然に同様の交替が起きるのが普通であるから特に区別を意識する必要はない．

スペイン語の [n] は英語の [n] とほぼ同じである．ただし，英語の [n] は文字どおり歯茎音で，舌尖が上の歯茎に接するのに対してスペイン語の [n] はやや前よりで，舌尖が上の前歯の裏側にかかることもある．日本語のナ行の子音も歯茎音とされるが，調音位置はさらに前よりで舌尖が上の前歯の裏側に接する歯音となることもある．日本語のニの子音は口蓋化して [nʲ] となるが，スペイン語では口蓋化が普通は起きない．したがって，niño（男の子）のような語の語頭の音節 [ni] を日本語風に発音してあたかも *ñiño のようにするのは避けるべきである．日本語で唯一音節末に現れる子音，撥音のンは有声口蓋垂鼻音 [N] である．しかし，ンがこの音になるのは後に休止が来る場合であり，閉鎖音の前ではそれと同じ調音位置の鼻音に変化する：トンボ

— 59 —

[tombo], インド [indo], ハンコ [haŋko]. これはスペイン語の /n/ に起きるのと同様の交替現象である。また，摩擦音や接近音の前ではンが鼻母音（[ĩ], [ũ] などで表す）として発音される：オンセイ [oũseː], ホンヤ [hoĩja]. 一方，母音の前に来る場合は，直前の母音を鼻母音化することが多い：センイ [sẽi].

C. /ɲ/

常に有声硬口蓋鼻音 [ɲ] で実現される：ñoño（ひ弱な），caña（茎），añil（藍）. 調音の際は，舌が丸く盛り上がって前舌面の舌背が硬口蓋に広く接触する。呼気はそこでせき止められるが，同時に口蓋帆が下がり，気流は鼻腔に流出する（図 32）. 有声音である.

この音はポルトガル語，カタルーニャ語，フランス語，イタリア語などロマンス諸語では広く見られる音であるが，英語にはない. 日本語のニおよびニャ行の子音は口蓋化した [nʲ] であるが，[ɲ] に近い音で実現されることもあり，音声表記では [ɲ] で表されることが多い. しかし，日本語の普通のニやニャ行音は舌尖が上の前歯の裏側か歯茎に接触するのに対し，スペイン語の [ɲ] の場合，舌尖はどこにも接触せず，前舌面全体が広く硬口蓋に接触することが相違点である.

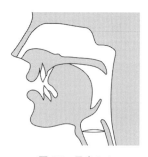

図 32. 子音 [ɲ]

5.3.7. R音（顫動音）

A. /ɾ/

一般に有声歯茎はじき音 [ɾ] で実現される：pero（しかし），carta（手紙），tren（列車），cantar（歌う）. この音は語頭に現れることはない. 調音する際は，舌尖が急速に持ち上がって上の歯茎を1回だけ軽くはじくように当たる（図

5. 子 音

33)．調音の間，声帯が震える有声音である．

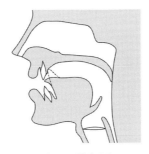

図33．子音 [r]

　この音素は特に音節末に現れる場合，かなり実現に相違が見られる．主要な変異は次のとおりである．メキシコ,中米では語末で歯擦音化(asibilación)が起きて，無声歯茎硬口蓋摩擦音 [ɕ] になることがある：comer [ko'meɕ]（食べる）．スペイン南部，カナリア諸島，カリブ海地方，ベネズエラ，エクアドルなどでは側面音化，すなわちL音化(lambdacismo)という現象が起き，音節末の [ɾ] が側面接近音 [l] に変化する：comer [ko'mel], carne ['kalne]（肉）．/l/ の項で述べたR音化とは逆の現象である．スペイン南部では音節末で /l/ と /ɾ/ の対立が中和して，無差別に交替することもある．

　英語のrの音 [ɹ] は，舌尖がどこにも触れない歯茎接近音である．英語の音声表記では [r] で代用することもあるが，スペイン語の標準的な [r] とはまったく異なる音であり，スペイン語に応用することはできない．日本語のラ行子音は語頭と撥音の直後では [l] に近い音になる．有声硬口蓋反り舌閉鎖音 [ɖ] とする説もある（竹林, 1982: 101）．しかし，母音間ではスペイン語と似たはじき音 [ɾ] になることが多い：カラダ，ココロ．したがって，日本語のラ行音はスペイン語のはじき音とまったく同じであると単純に考えてはいけない．すでに述べたとおり，スペイン語の [ɾ] と [l] の聞き分けと発音の仕分けはスペイン語を学習する日本語話者にとって発音上もっとも注意を要する問題であると言える．

　B．/r/

　一般に有声歯茎ふるえ音 [r] で実現される：rosa（バラ），perro（犬），tierra（大地）．舌尖が上の歯茎に接近し，強い呼気によって歯茎に数回軽く触れては離れ，振動して音が生じる（図34）．その間に声帯が震える有声音

である．調音する際，舌尖が緊張していると，呼気の力で震わすことができないので，舌は力を入れず緩めておく必要がある．

図 34. 子音 [r]

　音素 /ɾ/ と /r/ は母音間で対立するだけである：caro（高価な）/ carro（荷車，車），pero / perro．その他の位置では両者がまるで同じ音素の条件異音であるかのような様相を示す．語頭ではふるえ音 [r] しか現れない．また, [n], [l], [s] の直後では [r] のみが現れる：honra ['onra]（面目），alrededor [alreðe'ðoɾ]（周囲に），Israel [izra'el]（イスラエル）．最後の例は [r] の前の [s] が同化して有声音 [z] になっているが，日常の発話ではこの音が脱落するのが普通である．音節末では両者の音素対立が解消する中和（neutralización）と呼ばれる現象が起きる．[ɾ] と [r] のどちらで発音することも可能である：arte（芸術），mejor（よりよい）．[ɾ] の方が普通であるが，強調したい場合は [r] が現れる．ただし，語末の場合，その後に母音で始まる語が来るときにはふるえ音 [r] が現れることはない：empezar a cantar [em.pe.'θa.ɾa.kan.'taɾ]（歌い始める）．

　この音素は地域により実現に変異が見られる．スペイン東部のエブロ川流域，メキシコ，中米，チリ，アルゼンチンなどでは歯擦音化が起きて，有声後部歯茎摩擦音 [ʐ] になり，さらには無声化して [ɕ] になることもある：perro ['peʐo]〜['peɕo]．キューバ，プエルトリコなどカリブ海地方では有声口蓋垂ふるえ音 [R] で実現されることもある．この音は後舌面が口蓋垂に向けて盛り上がり，これに対する口蓋垂は先端が垂れ下がって接近し，それが呼気によって振動する．これはフランス語・ドイツ語で一般的な r の音である．

　ふるえ音 [r] は日本語のいわゆる巻き舌の音であり，東京の下町，名古屋の一部，大阪府南東部などでラ行音に用いられるが，そうした話者は減って

— 62 —

おり，現代では品のない発音とみなされることが多い．演歌歌手などはラ行を強調するため意図的に用いることもある．一般の日本語話者は，最初うまく調音できない人も多いが，練習すればそれほど困難な音ではない．なお，フランス語のrは前記の有声口蓋垂ふるえ音 [R] または有声口蓋垂摩擦音 [ʁ] で調音されるのが普通である．[R] は口蓋垂が振動するのに対して，[ʁ] は後舌面と口蓋垂との間の狭めを呼気が通り抜けて生じる摩擦音である．欧州ポルトガル語の語頭のrや語中の rr は，この [R] または [ʁ] で発音されるのが普通であるが，地域による変異が大きい．ブラジルでは無声軟口蓋摩擦音 [x] が一般的であり，無声口蓋垂摩擦音 [χ]（[ʁ] と対立する無声音）や無声声門摩擦音 [h] となることもある．

5.4.　スペイン語子音体系の特徴

　他のロマンス語と比較すると，スペイン語（北部体系およびS音化体系）に見られる子音体系は次のような特徴を持っている．

　1）硬口蓋音を除くと，有声摩擦音の系列が欠けている．閉鎖音の系列では，有声閉鎖音 /b/, /d/, /g/ に対応する有声摩擦音がない．ただし，有声閉鎖音 /b/, /d/, /g/ にはそれぞれ対応する有声摩擦音 [β], [ð], [ɣ] が条件異音としては存在し，原則として休止以外の位置では閉鎖音に代わって出現する．

　2）摩擦音の系列では無声摩擦音 /f/, /θ/, /s/ に対応する有声摩擦音がない．ただし，/θ/, /s/ に対しては一定の位置で自由異音として有声の [θ], [z] が現れることもある．

　3）北部体系では歯擦音として /θ/ と /s/ が対立する．この特徴はイベロロマンス語の中でも特異である．一方，S音化体系ではカタルーニャ語，ポルトガル語，ガリシア語など他のイベロロマンス語やフランス語と同じく両者が一つの音素 /s/ に合流している．

　4）後部歯茎音の系列は摩擦音 /ʃ/, /ʒ/ が欠けており，破擦音も無声音の /t͡ʃ/ しかない．歴史的に見ると，中世スペイン語では歯擦音の種類が豊富であり，摩擦音 /ʃ/, /ʒ/（または /d͡ʒ/）も存在したが，黄金世紀に大きな変化・再編が起きた結果，近代スペイン語ではこのように後部歯茎摩擦音がなくなり，「あきま」（音素体系上の穴）ができてしまった．しかし，

発音・文字

硬口蓋摩擦音 /j/ の実現は，その現れる位置により，また地域によりさ
まざまの異音があり，この「あきま」を埋めるような様相を示している．

5）多くのロマンス語同様，声門摩擦音 /h/ が欠けているが，ロマンス語
ではめずらしく軟口蓋摩擦音 /x/ を持っており，イスパノアメリカなど
の地域によっては異音として [h] が存在する．

6）硬口蓋側面接近音 /ʎ/ は S 音化体系の地域だけでなく，北部体系の地
域でも Y 音化の現象が著しく，硬口蓋摩擦音 [j] で調音されることが多
いが，その他にもさまざまの異音がある．全体として /j/ に合流する傾
向が強い．歴史的に見ると，Y 音化と同様の現象はフランス語やルーマ
ニア語でも生じた．しかし，イベロロマンス語の中でもカタルーニャ語，
ガリシア語，ポルトガル語は /ʎ/ を維持しており，対照的である．もっ
とも，これらの言語でも一部の方言では同様の現象が起きている．

7）はじき音 /ɾ/ とふるえ音 /r/ が音素として対立する．これは他のイベロ
ロマンス語にも共通する特徴であるが，フランス語やイタリア語には見
られない．

＜参考 11＞　イベロロマンス語

イベロロマンス語 (iberorrománico) とはロマンス諸語を地理的な観点と言
語的特徴から分類した区分の一つで，イベリア半島のポルトガル語，ガリシ
ア語，スペイン語（カスティーリャ語），カタルーニャ語などが含まれる．
これと並ぶグループとしてガロロマンス語（フランス語，フランコプロヴァ
ンサル語，オック語，北イタリア諸方言）およびレトロマンス語（ロマンシュ
語，ラディン語，フリウリ語）があり，これらは西ロマンス語に分類される．
これに対し，イタロロマンス語（イタリア語，中部・南部イタリア諸方言）
およびバルカンロマンス語（ルーマニア語，アルーマニア語，ダルマチア語
など）が東ロマンス語を構成する．サルディニア語は東・西ロマンス語のど
ちらにも属さないとされる．

6．音　節

6.1.　音節とは

　発話は語の連鎖によって成り立っているが，語は音の無秩序な連続ではなく，一定の音のまとまりから成り立っている．その前後に音の区切りがあると感じられる音声的な単位が音節 (sílaba) である．つまり，音節は語よりは小さく，単音よりは大きい調音上一つのまとまりをなす単位である．音節は言語によっては一般の話者にも容易に認識される場合もあるが，その境界を定めるのが困難な場合もある．

　音声学的に音節を厳密に定義するのは難しい．音節についてはさまざまの学説があるが，その中で現在一定の有効性を持つと考えられるのは聴覚的な基準によるものである．これは音節を言語音の聞こえ度 (sonoridad) に基づいて規定するものである．言語音には知覚上聞こえ度の大きいものと小さいものがあり，聞こえ度のもっとも大きい音の周りにそれのより小さい音が集まって一つの単位，つまり音節を構成するとされる．聞こえ度には段階があり，どの言語でも一般に次のような順序で聞こえ度が下がると考えられている．これを「聞こえ度の普遍的尺度 (escala universal de sonoridad)」と言う．

　　　主母音＞周辺母音＞接近音＞流音＞鼻音＞摩擦音＞破擦音＞閉鎖音

　音節主母音 (vocal silábica) は音節の中核となる母音であり，周辺母音は伝統的に半母音または半子音と呼ばれるものである．調音の際，呼気に妨げの生じない母音は子音よりも聞こえ度が大きく，子音の中では，呼気の流出の程度が大きい接近音はもっとも聞こえ度が高く，呼気がせき止められる閉鎖音はもっとも聞こえ度が小さい．また，調音の際，声を伴う有声音は無声音よりも聞こえ度が大きい．ただし，聞こえ度はかなり主観的な様相を持つ概念で，科学的に正確に測定できるような性格のものではない．また，聞こえ度によって音節の中核を定めることができるとしても，それだけで音節の境

— 65 —

界をどこで区切るか決めることはできない．言語ごとに音素を配列する規則は異なるからであり，多分に慣習的な面がある．結局，音節は，聞こえ度のような音声学的な基準とともにそれぞれの言語で異なる音韻論的な原則を合わせて規定するしかないと考えられる．

6.2. 音節の構造

音節は一般に次のような構成素（constituyente）から成る構造をとる．

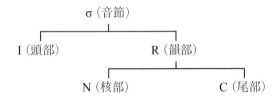

音節（σ）は頭部（I: inicio, ataque, cabeza）と韻部（R: rima silábica）に分かれる．韻部は核部（N: núcleo, cumbre, centro）と尾部（C: coda）に分かれる．核部は音節主音とも言う．核部と尾部が韻部にまとめられるのは，音素配列の上で頭部と音節主音の結びつきには高い自由度があるのに対して，主音と尾部の結びつきには強い制約があるためである．一般に，音節は母音を中核としてその前後に子音を従える構成をとることが多く，母音が核部を構成するのが普通である．ただし，言語によっては母音だけでなく，聞こえ度の大きい子音が核部となることもある．音節の中心となる核部に対して，それに先行する頭部と後続する尾部は合わせて周辺部（márgenes silábicos）と呼ばれる．音節には必ず核部があるが，周辺部は欠けている場合もある．

頭部は頭子音とも呼ばれる．これに対し，尾部は末尾子音とも呼ばれる．頭子音は外破位置（posición explosiva）にあり，聞こえ度は比較的高い．これに対し，末尾子音は内破位置（posición implosiva）にあり，聞こえ度は低くなる．

音節の構成素は一つの音素から成る単一的（simple）な場合と二つ以上の音素から成る複合的（complejo, compuesto）な場合がある．例えば，clima ['kli.ma]（気候）という語で第1音節の頭部 [kl] は複合的であり，第2音節の頭部 [m] は単一的である．音節と音節の切れ目を音節境界と呼び，音声表記

では（.）で表す：sílaba ['si.la.ba].

音節には尾部，すなわち末尾子音を持たないものもある．これを開音節（sílaba abierta o libre）と言う．尾部を持つものは閉音節（sílaba cerrada o trabada）と呼ばれる．例えば，hombre ['om.bɾe] という語は 2 音節で構成されているが，第 1 音節の [om] は閉音節，第 2 音節の [bɾe] は開音節である．

6.3. スペイン語の音節構成素

6.3.1. 音節核部

スペイン語で音節核部となるのは，かならず母音である．母音は単独で音節を構成することもある．例えば，ahora [a.'o.ɾa] という語では最初の [a] と次の [o] が一つの母音だけでそれぞれ音節を構成している．

音節核部が複合的な場合もある．二重母音および三重母音で構成される場合である．母音の項で述べたとおり，これらは主母音の前後に周辺母音が配置される構成をとる．

スペイン語の音節核部は母音に限られるが，言語によっては子音が核部を構成することもある．英語では子音の中で比較的聞こえ度の高い鼻音 [m, n] と流音 [l] が核部を構成することができる：prism ['pɹi.zm], lesson ['le.sn], little ['li.tl].

6.3.2. 音節頭部

頭部を構成する子音は単一的な場合と複合的な場合がある．原則としてすべての子音は単一的な音節頭部を構成することが可能であるが，唯一 /r/ だけは語頭で音節頭部とならない．ただし，語中では母音の直後に来る音節に限って頭部を構成することが可能である：oro ['o.ɾo]（金），aire ['ai̯.ɾe]（空気）．この場合を除くと，音節頭部を構成する R 音は /r/ のみである：rosa ['ro.sa]（バラ），honra ['on.ra]（面目）．

複合的な頭部は 2 子音で構成され，3 子音以上が結合することはない．2 子音の組み合わせも，スペイン語では次に示す閉鎖音 / p, b, t, d, k, g / または唇歯音 /f/ ＋流音 /r/ または /l/ の結合に限られる．なお，日本の教科書等ではこれらの子音群（grupo consonántico）を二重子音と呼んでいるが，重複子音（consonante doble）と紛らわしいので好ましくない用語である．

— 67 —

発音・文字

類 型	実 例	類 型	実 例
/pɾ/	precio, siempre	/pl/	plano, explicar
/bɾ/	brazo, sobre	/bl/	blando, pueblo
/tɾ/	tres, otro	/tl/	tlapalería, tepezcuintle
/dɾ/	drama, madre		（ローランドパカ［動物］）
/kɾ/	crudo, decreto	/kl/	claro, incluso
/gɾ/	grave, negro	/gl/	globo, aglutinar
/fɾ/	fruta, ofrecer	/fl/	flor, influencia

　以上の子音群の中では /ɾ/ を含むものが /l/ を含むものよりもかなり出現頻度が高い．スペイン語の音節頭部に唯一存在しない組み合わせは /dl/ である．/tl/ もスペイン語には本来存在しない結合であるが，メキシコのスペイン語では頻繁に見られ，ナワトル語からの借用語に由来する．ナワトル語では無声歯茎側面破擦音 [tɬ] に相当するが，tl と表記されるため，スペイン語では2子音の結合と見なされ，子音群として発音される．

　スペイン語では頭部の「子音 + /ɾ/」の結合を調音する際，前の子音から /ɾ/ に移行する直前に母音的な要素が挿入されるのが普通である．この挿入母音的要素（elemento esvarabático）は /ɾ/ の後に続く母音と同じ音響的特性を持っている．例えば，precio（値段）という語を発音するとき，[p] と [ɾ] の間に弱い [e] が挿入されているように聞こえる．この挿入母音的要素が強化されると，極端な場合には主母音に転化することもある．母音挿入（anaptixis）と呼ばれる現象である．例えば，歴史的には crónica（年代記）が corónica と書かれた例が見られる．これはスペイン語が一般に CV（子音・母音）という音節構造を好み，子音の連続を避けようとする傾向の現れである．

　ギリシャ語に由来する学識語（cultismo）および外来語では本来スペイン語に存在しない子音群が語頭に現れることがある．例えば，学識語では cn-, gn-, mn-, ps-, pt- などが語頭に現れる．しかし，正書法はどうあれ，実際の発音では先頭の子音を脱落させて単一の頭子音に変えるのが普通である．語頭音消失（aféresis）と呼ばれる現象である．最近では正書法もそれに合わせて変える傾向にある：gnosis（グノーシス），mnemotecnia~nemotecnia（記憶術），psicología~sicología（心理学），ptolemaico~tolemaico（プトレマイオスの）．

— 68 —

6. 音 節

　英語などから借用された外来語では語頭に「/s/ ＋子音」という結合が現れることがある．この場合，スペイン語では /s/ の前に母音 /e/ を挿入して発音するのが普通である．この結果生じる /es/ という語頭の結合は次に来る音節とは別の音節を構成することになる．完全にスペイン語化したものは正書法でも e- を挿入して書かれる：spray > espray [es.'pɾai]（スプレー），standard > estándar [es.'tan.daɾ]（標準的な），ski > esquí [es.'ki]（スキー）．語頭音添加（prótesis）と呼ばれる現象で，歴史的にはラテン語からスペイン語に変化する過程でも，後世にギリシャ語・ラテン語から学識語として導入された場合でも，一般的に起きた現象である：scala > escala（はしご），spatium > espacio（空間），strictus > estrecho（狭い）．

　母音で始まる音節は音節頭部を持っていない．ところが，語頭に上昇二重母音または平坦二重母音がある場合（hielo, hueso, huir など），前にある周辺母音，いわゆる半子音が強化され，子音化する傾向が見られる．この現象については二重母音の項ですでに取り上げた．これは語頭において CV 構造を指向しようとする傾向の現れと言えるだろう．

6.3.3. 音節尾部

　音節尾部は語末と語中では異なる様相を見せる．外来語および学識語を除くと，語末で音節尾部を構成するのは 1 子音だけであり，種類も /d, n, ɾ, l, θ, s/ の六つに限られる：piedad（哀れみ），afán（熱望），acabar（終える），leal（忠実な），cruz（十字架），lejos（遠くに）．ただし，S 音化体系の方言では /θ/ が欠けている．古い時代から存在する借用語には /x/ が現れるが，既述のとおり実際の発話では脱落することが多い：reloj [re.'lo(x)]（時計），boj ['bo(x)]（ツゲ）．比較的新しい借用語ではこの他に /p, b, t, k, g, f, t͡ʃ, m/ などが現れるが，実際の発話では脱落する傾向が強い：club ['klu(β)]（クラブ），coñac [ko.'ɲa(k)]（コニャック），carnet [kaɾ'ne(t)]（証明書）．語末音消失（apócope）の現象である．また，場合によっては後に母音が添加されることもある：clube, fraque（< frac 燕尾服）．こちらは語末音添加（paragoge）という現象で，通常挿入される母音は /e/ である．学識語や外来語では尾部に -m が現れることがあるが，通常は [n] で実現される：álbum ['al.bun]（アルバム）．しかし，比較的新しい借用語では [m] で実現されることもある：islam [is.'lam]（イスラム教）．

— 69 —

発音・文字

　語末に現れる複合的尾部は通常2子音の結合であるが，出現するのは借用語に限られる．学識語では /ps/, /ks/ という結合が現れるが，日常の発話では前の閉鎖音が脱落することが多い：bíceps ['bi.θe(p)s]（二頭筋），tórax ['to.ra(k)s]（胸郭）．外来語ではその他の子音群も現れるが，実際の発話では後の子音を脱落させることもあるし（iceberg [i.θe.'βeɾ(ɣ)]（氷山）），母音による語末音添加（film > filme ['fil.me]（フィルム））または2子音間に語中音添加（epéntesis）が行われることもある：single ['siŋ.gel]（シングル盤）．メキシコのスペイン語ではナワトル借用語の尾部に /tl/ という結合が現れる：náhuatl（ナワトル語），Popocatépetl（ポポカテペトル山）．しかし，日常のくだけた発話では [t] が脱落することもある．

　語中に現れる音節尾部の単子音は語末の場合と入れ替わりがあり，/d/ が外れ，/m/ が加わって /m, n, ɾ, l, θ, s/ の6種類となるが，S音化体系の方言では /θ/ が欠ける：ambos（両方の），cuento（話），orden（順序），alba（暁），bizcocho（スポンジケーキ），pista（足跡）．学識語ではこの他に / p, b, t, d, k, g, f/ が現れる：apto（適した），objeto（対象），étnico（民族の），admirar（感嘆する），activo（活動的な），digno（ふさわしい），nafta（ナフサ）．しかし，尾部にある閉鎖音は弱化しがちであり，時には消失することもある：apto [ap.to, aβ.to, aɸ.to, a.to]，digno [diɣ.no, dix.no, di.no]．

　語中の音節尾部ではやはり学識語で2子音の結合が現れるが，前の子音は/b, d, k, n, l, ɾ/, 後の子音は /s/ の組み合わせに限られる：abstracto（抽象的な），adscribir（割当てる），exterior（外側の），constante（恒常的な），solsticio（至点），perspectiva（展望）．学識語ではこの他にまれな結合として /st/ がある：istmo（地峡），postgraduado（大学院生）．日常の発話では [s] の前の子音が脱落し（exterior [e(k)ste'ɾjoɾ]），/st/ の場合は後の /t/ が脱落して [s] のみが残ること（istmo ['is(t)mo]）がよくある．このため，特に trans-, subs-, post- などの接頭辞が付く語では発音に合わせた綴り字を用いることも最近では多い：trasferir（移動させる），sustancia（物質），posdata（追伸）．

6. 音 節

6.4. 音節の類型と頻度

スペイン語では音節頭部および音節尾部に現れる子音（C）は最大二つ，音節核部には主母音（V）の前後に周辺母音（S）が一つ現れる可能性があるため，理論的には最大で CCSVSCC という 7 音からなる音節構造が現れる可能性がある．しかし，現実には 1 語の中でこのような音節パターンが現れることはない．スペイン語で実際に観察される音節のパターン，類型は次の25 種類であり，最大の音節類型は六つの単音から成る CCSVSC ということになる．

類 型	実 例	類 型	実 例
V	*a*la	CSVS	*buey*
VS	*ai*re	CSVSC	*cambiáis*
VSC	*ais*lar	CSVSCC	*preinsc*ipción
VC	*an*dar	CSVC	*tien*to
VCC	*instaurar*	CCV	*primo*
SV	*hie*lo	CCVS	*plei*to
SVC	*hués*ped	CCVSC	*trein*ta
CV	*ca*sa	CCVC	*blan*do
CVS	*ley*	CCVCC	*trans*porte
CVSC	*vein*te	CCSV	*pliego*
CVC	*sol*	CCSVC	*triun*fo
CVCC	*construir*	CCSVSC	*ampliáis*
CSV	*tie*ne		

以上のほか，SVS 型も可能性があるが，ギリシャ語起源の hioides（舌骨）以外にほとんど例がなく，この語も三重母音による実現 ['i̯oi̯.ðes] と母音分立による実現 ['i.oi̯.ðes] が交替すると言われ（REA, 2011: 297），安定していないので類型から外しておく．ちなみに，REA（2011: 298）は，スペイン語の最大音節は 5 要素を超えることがないとしており，6 要素からなるCCVSCC や CCSVSC を認めない．しかし，本書では上記のように 6 要素から成る類型も存在すると考える．

音節の類型は多様であるが，その出現頻度には大きな偏りがある．出口

— 71 —

発音・文字

(1997) によると，口語スペイン語に現れる音節類型の中で相対頻度が高いのは次の順である（原資料で分けている強勢音節と無強勢音節を合計した）．第9位以下は省略するが，どれも頻度は1％未満である．

	類　型	％		類　型	％
1	CV	51.22	5	CSV	3.17
2	CVC	18.07	6	CCV	3.11
3	V	10.54	7	CSVC	2.89
4	VC	8.96	8	CCVC	1.06

　このように，CV型が過半数を占めもっとも頻度が高い．スペイン語は全般に開音節の出現頻度が高く，開音節と閉音節の比率はおよそ7対3になる（RAE, 2011）．ちなみに，英語はその逆で閉音節が80％を占めるとされる（鹿島，2002）．

＜参考12＞　日本語の音節
　日本語の音節構造はスペイン語や英語に比べると単純である．音節頭部に現れる子音は一つだけで，開音節（V, CV）が多い．音節尾部に現れる子音も一つだけで，これに相当するのは促音（つまる音）と撥音（はねる音）である．したがって，最大の音節はCSVCのような型となる：キャンセル /kjanseru/．ただし，特殊音素と呼ばれる促音，撥音，長音（引く音）を音節構造上でどう扱うかは論者によって考え方に相違がある．

6.5.　音節区分と音節境界

6.5.1.　音節区分
　2音節以上から成る語の音節を分けることを音節区分（silabación）と言う．正書法の伝統では分節法（silabificación, silabeo）と呼ばれてきた．分けられた音節間の境界は音節境界（límite silábico, frontera silábica）と呼ばれる．音節境界はスペイン語に固有の音節構造に基づいて決定されるが，次のような規則で決定することができる．
　1）母音間の1子音は後続する母音と音節を構成する（V.C）：pe.*l*o, pa.*t*a,

te.*ner*

2）母音間に音節頭部で出現可能な子音群（2子音の結合）がある場合，それらは後続する母音と音節を構成する（V.CC）：o.*tro*, co.*bre*, ta.*bla*

3）母音間にその他の2子音が隣接する場合，前の子音は先行する母音と，後の子音は後続する母音とそれぞれ音節を構成する（VC.C）：a*l.to*, co*s.ta*, e*n.fer.mo*

4）母音間に3子音が隣接し，前の2子音が音節尾部に出現可能な子音群である場合，最後の1子音のみが後続する母音と音節を構成する（VCC.C）：co*ns.t*ante, pe*rs.p*ec.ti.va

5）母音間に3子音が隣接し，後の2子音が音節頭部に出現可能な子音群である場合は，それらは後続する母音と音節を構成する（VC.CC）：a*s.tro*, i*n.fl*uen.cia

6）母音間に4子音が隣接する場合，前の2子音が先行する母音と，後の2子音が後続する母音と音節を構成する（VCC.CC）：a*bs.tr*ac.to, i*ns.tr*umen.to

7）2母音以上が隣接する場合，それらが同音節的結合（二重母音，三重母音）であれば同じ音節を構成し，そうでなければ異なる音節に分かれる：*au*.la, *o.a*.sis

このような音節区分は音韻論的な基準によるものであるから形態論的な境界とはかならずしも一致しない．しかし，学識語的な接頭辞で形態素の境界が認識しやすい場合は，形態論的な基準により音節区分が行われることもある：su*b.r*eino, inte*r.r*elacion.

6.5.2. 重複子音

前記3）の規則の適用を受けるのは通常異なる子音の連続であるが，特殊な場合として同じ子音が連続する重複子音（consonante geminada o doble）がある．スペイン語では /bb/ と /nn/ の二つの場合に限られ，丁寧なあるいは強調された発音では同音が連続して発音されると言われる：subvención [suβ.βen.'θi̯on]（補助金），innovación [in.no.βa.'θi̯on]（刷新）．ただし，/nn/ は [ŋn] と発音されることもある：[iŋ.no.βa.'θi̯on]．また，/nm/ という子音結合は，調音上は重複子音 [mm] として実現される：inmigrante [im.mi.'ɣran.te]（他国からの移民）．

発音・文字

　重複子音は音韻論的には別の音節に属し，子音の重複とみなされるが，音声学的には見ると同じ音が繰り返し発音されるわけではなく，子音の持続時間が長めに発音される．しかし，日常のくだけた発話では，いずれの場合も単子音として実現されることが多い：subvención [su.βen.'θi̯on]，innovación [i.no.βa.'θi̯on]，inmigrante [i.mi.'ɣran.te]．

6.6.　再音節化

　同じ音群 (grupo fónico, cf. §9.2) を構成する語と語は，語の内部の音節構造と同じ原則に従って前の語の尾部と次の語の頭部が同音節的な結合として発音されることがある．これを再音節化 (resilabación, resilabeo) と言う．例えば，前の語の末尾子音は次の語の先頭母音と結合して同音節的に発音されるのが普通である：el oro [e.'lo.ro]（その金），son hombres ['so.'nom.bres]（彼らは男だ），has ido ['a.'si.ðo]（君は行った）．また，前の語の末尾母音は次の語の先頭母音と結合して同音節的に発音される．これは母音融合 (sinalefa) と呼ばれる：está inestable [es'tai̯.nes.'ta.βle]（それは不安定だ），amplio interés ['am.pli̯oin.te.'res]（広い関心）．単語レベルで最大の音節構造は6音素から成る CCSVSC であるが，語の境界をまたぐ音連続では最大7音素から成る音節 (CCSVSCC) が現れることもある：arbitrio institucional [ar.'βi.'tri̯oins.ti.tu.θi̯o.'nal]（機関の裁定）．

　やはり同じ音群内で前の語の語末と次の語の語頭が同じ子音の連続となる場合，日常的な速い発話では単子音に縮小されてしまう：las salas [la.'sa.las]（[それらの] 部屋），son nombres [so.nom.bres]（それらは名前だ）．以上のような再音節化によって音節境界の位置は変わるが，音群全体の音節数は変わらない．

— 74 —

7．アクセント

7.1. アクセントとは

　発話を構成する音素連続が調音される際に同時に付加される音の強弱，高低，リズムなどを超分節的特徴（rasgo suprasegmental）または韻律的特徴（rasgo prosódico）と言う．アクセント（acento）は韻律的特徴の一つで，単語を構成する音素連続の中のある音節を特徴付けて他の音節と区別するような音声的手段である．

　広義のアクセントはトーンと語アクセントに分けることができる．トーンはさらに音節トーンと単語トーンに分けられる．音節トーンは1音節を単位として一定のピッチ（音の高低）の変動の型がかぶさるもので，中国語諸方言，タイ語などの声調がその代表的な例である．北京語では4声調が区別される．単語トーンは単語全体のピッチ変動の型が単語により定まっているもので，例えばスウェーデン語は強勢アクセントとともに単語トーンを持つとされる．

　語アクセント，つまり狭義のアクセントは，さらに高さアクセント（acento tónico）と強勢アクセント（acento de intensidad）に分けることができる．高さアクセントは語を構成する音節相互間のピッチの相違により，強勢アクセントは音節相互間の強さの相違によりその語が特徴付けられる．日本語（東京方言など主要な諸方言）は高さアクセントを持つ言語であるのに対し，スペイン語，英語などは強勢アクセントを持つ言語である．

7.2. スペイン語のアクセント

　スペイン語は強勢アクセントを持ち，音素連続の中でアクセントを持つある音節が他の音節に対してより大きい卓立（prominencia）を示す．これにより強勢音節（sílaba fuerte o tónica）は無強勢音節（sílaba débil o átonas）と対照

発音・文字

をなす．しかし，スペイン語に限らず強勢アクセントあるいはアクセントによる卓立というものの本質を音声学的に規定するのは難しく，さまざまの説がある．強勢アクセントまたは強さアクセントは，その名前に反して音の大きさ，すなわち物理的な音の強さ (intensidad) と直接関連しているわけではない．音声学的に見ると，アクセントの知覚にかかわるのは音の高さ (ピッチ，tono)，音の強さおよび音の持続時間 (duración) である．すなわち，強勢アクセントは音の高さに持続時間の長さと強さが結びついた複合的な現象である．これら三つの音響学的要素が複雑に絡み合って知覚的な卓立を作り出していると考えられる．

　アクセントの位置に関しては言語により自由アクセントと固定アクセントが対立する．固定アクセント (acento fijo) とは語の特定の位置にアクセントが定まっているものである．例えば，チェコ語，フィンランド語では語の第1音節に，ポーランド語，スワヒリ語では末尾 (から数えて) 第2音節に，フランス語は末尾音節にアクセントがかかる．

　一方，アクセントの位置が語により相違するものは自由アクセント (acento libre) である．スペイン語，英語，ロシア語などは自由アクセントを持つ言語である．日本語 (東京方言など) は高さアクセントであるが，その位置に関しては自由アクセントであると言える．

　アクセントがかならず語の第1音節にあるような固定アクセントの言語ではアクセントは語の境界を示すのに役立つ．これをアクセントの境界表示機能 (función delimitativa) と言う．一方，スペイン語のように自由アクセントの言語ではアクセントの位置が語の意味を区別するのに役立つ．これをアクセントの示差機能 (función (fonológica) distintiva) と言う．例えば，スペイン語ではアクセントの位置によって次のような意味の相違が示される：sábana (シーツ) / sabana (サバンナ)，término (末端) / termino (私は終える) / terminó (彼は終えた)．

＜参考13＞　ラテン語のアクセント

　現代のロマンス諸語が強勢アクセントを持つのに対し，祖先のラテン語は高さアクセントであったとされる．アクセントの位置は語の末尾第2音節か第3音節のどちらかにあり，一見自由アクセントのように見えるが，実際には末尾第2音節の長さによりアクセントの位置が定まる．長い音節とは長母

音を含むか，子音で終わる閉音節の場合である．末尾第2音節が長ければそこに，短かければその前の音節にアクセントがかかる：*amī*cus（友人），mag*is*ter（指導者），*do*mina（主婦）．このように一定の音節の長さ次第で自動的にアクセント位置が決まるので条件付きアクセント（acento condicionado）と呼ばれることもある．これは固定アクセントの一種と見なすことができるだろう．

7.3. 語アクセントと統語的アクセント

これまで見てきたのは語アクセント（acento léxico o de palabra），つまり語を単位とするアクセントであるが，語より大きい統語単位に関与するアクセントもある．連辞（sintagma）つまり句や文のレベルに対応するアクセントを統語的アクセント（acento sintáctico）または最大アクセント（acento máximo）と言う．特に文について言う場合は文アクセント（acento oracional）とも呼ばれる．スペイン語では一般に，統語的アクセントはある統語単位で最後に現れる強勢のある音節に置かれ，それが強調されることによってその統語単位の終わりの境界が近いことが示される．例えば，«Voy a visitar a mi amigo.»（私は友だちを訪問するつもりだ）という文では通常の場合文末の語 a*mi*go，«Voy a visitar a mi amigo esta tarde.»（私は今日の午後友だちを訪問するつもりだ）では文末の語 *tar*de のそれぞれ強勢音節に統語的アクセントが置かれる．

7.4. スペイン語のアクセント型

スペイン語の語アクセントは語の末尾から数えて3番目までの音節のいずれかに配置される．この枠組みを「3音節の窓（ventana de las tres sílabas）」と呼ぶこともある．すなわち，スペイン語の2音節以上の単語はアクセントの位置により次の3種類に分かれる．
1）末尾音節強勢語（aguda, oxítona）：papel（紙），mujer（女），canción（歌），mamá（ママ）
2）末尾第2音節強勢語（llana, paroxítona）：hermano（兄弟），radio（ラジオ），lápiz（鉛筆），examen（試験）

— 77 —

発音・文字

3）末尾第3音節強勢語（esdrújula, proparoxítona）：célebre（有名な），
ánimo（魂），régimen（体制），miércoles（水曜日）

さらに，アクセントが最後から4番目の位置に置かれる例外的な場合がある．

4）末尾第4音節強勢語（sobresdrújula, superproparoxítona）：cuéntamelo
（私にそれを話してくれ），dígaselo（彼にそれを言いなさい），
recogiéndoselo（それをたくし上げながら）

最後の4）は動詞に接語代名詞が後続する複合形式に限られ，正書法上は1語として書かれているが，強勢語である動詞と無強勢語である接語代名詞から構成される句である（§7.6.2参照）．

スペイン語のアクセントの位置は4）の場合を除き，語末から3番目の音節より前に来ることは許されない．この制約のため，末尾第3音節強勢語，例えばrégimen, espécimen（見本）は，複数形で音節数が増えるとアクセントを持つ音節が後方に移動する：regímenes, especímenes.

スペイン語でもっとも頻度が高いのは末尾第2音節強勢語，2番目が末尾音節強勢語であり，末尾第3音節強勢語は非常に限られている．その大部分はラテン語・ギリシャ語に由来する学識語である．頻度から見ると，スペイン語のもっとも基本的なアクセント配置は末尾第2音節強勢のパターンであると言える．開音節で終わる語の大半はこの型であり，借用語もスペイン語化すると，この型になることが多い：penalti（反則），chófer（運転手），karaoke（カラオケ）．

7.5. アクセント位置の変異

語彙論的には同じ語でありながらアクセント位置の異なる異形が共存する場合がある．これは二重アクセント語（palabra con doble acentuación）とも呼ばれる．二重アクセント語が多い一つのグループは主にギリシャ語に由来する学識語および学識語由来の語尾を持つ形式である．代表的な場合は次のような語尾を持つ語で，それぞれのペアの前に示すのが語源的なアクセント位置を反映する異形，後に示すのがスペイン語の一般的なパターンに適応したアクセント位置を持つ異形である．

1）-eolo, -eola：alvéolo / alveolo（歯茎），aréola / areola（麻疹の紅輪）

— 78 —

7．アクセント

2）-iaco：amoníaco / amoniaco（アンモニアの），austríaco / autriaco（オーストリアの），cardíaco / cardiaco（心臓の），maníaco / maniaco（躁病の），zodíaco / zodiaco（黄道帯）

3）-lisis：autólisis / autolisis（自己分解），fotólisis / fololisis（光分解）

4）-mancia：cartomancía / cartomancia（カード占い），quiromancía / quiromancia（手相占い）

5）-plejia：hemiplejía / hemiplejia（半身不随），paraplejía / paraplejia（下半身不随）

6）-stato：aeróstato / aerostato（気球），termóstato / termostato（サーモスタット）

その他に次のような学識語の例がある：atmósfera / atmosfera（大気），médula / medula（髄），microscopía / microscopia（顕微鏡検査法），mímesis / mimesis（模倣），olimpíada / olimpiada（オリンピック大会），omóplato / omoplato（肩甲骨），período / periodo（期間），polícromo / policromo（多色の），polígloto / poligloto（多言語に通じた），reúma / reuma（リウマチ）．

学識語以外にも二重アクセント語の例がある：cántiga / cantiga（中世の頌歌），íbero / ibero（イベリア人）．借用語の例も多く，その大半は比較的新しいものである：áloe / aloe（アロエ），bebe / bebé（赤ん坊），beréber / bereber（ベルベル人），búmeran / bumerán（ブーメラン），cártel / cartel（カルテル），cénit / cenit（天頂），cóctel / coctel（カクテル），dínamo / dinamo（発電機），élite / elite（エリート），elíxir / elixir（万能薬），fríjol / frijol（インゲン豆），fútbol / futbol（サッカー），mísil / misil（ミサイル），neroli / nerolí（ネロリ油），pábilo / pabilo（ろうそくの芯），pachuli / pachulí（パチョリ［植物］），páprika / paprika（パプリカ），píxel / pixel（画素），raglan / raglán（ラグランの），raíl / rail（レール），rápel / rapel（懸垂下降）．

二重アクセント語は，実際にはどちらか一方の形式が優勢になっている場合が多く，長期的に見ればどちらかに落ち着くものと予想される．学識語の場合，スペイン語的なパターンにより適合した末尾第2音節強勢語の型に移行する傾向が見られ，母音接続を含む -íaco, -íada のような語形は，二重母音化した -iaco, -iada のような語形へと移行する傾向が顕著である．

アクセント位置に地域的な変異が見られる場合もある．その大部分はスペインとイスパノアメリカでアクセント位置が対立するものである．次に挙げ

— 79 —

発音・文字

る例では，前がスペイン，後がイスパノアメリカで主に用いられる形式である：chófer / chofer（運転手），daiquiri / daiquirí（ダイキリ［カクテル］），estratosfera / estratósfera（成層圏），icono / ícono（イコン），kárate / karate（空手），pudin / pudín（プディング），Rumanía / Rumania（ルーマニア），sóviet / soviet（ソヴィエト），vídeo / video（ビデオ），zaíno / zaino（濃い栗毛の）．

7.6. 強勢語と無強勢語

7.6.1. アクセント句の構成

　文脈から切り離され孤立した語はすべて強勢を持って発音される．しかし，句または文の中に置かれると，通常強勢を持って発音される語，つまり強勢語（palabra acentuada）と強勢なしで発音される語，つまり無強勢語（palabra inacentuada）の2種類に分かれる．文または句の中で無強勢語は隣接する統語関係のある強勢語と結びついてひとまとまりに発音され，アクセント句（grupo acentual）を構成する：el efecto [ele'fekto]（効果），en su casa [ensu'kasa]（彼の家で），te lo daré [teloda're]（君にそれをあげよう）．通常，文はいくつかのアクセント句で構成されるので，強勢アクセントはその文がいくつのアクセント句から成るかを示す頂点表示（culminativo）の機能を果たすことになる．

　機能的に見ると，強勢語は文の意味の中核をなす名詞，動詞など内容語（palabra plena）と呼ばれるものに相当するのに対し，無強勢語は文法的な意味を持つ機能語（palabra funcional）である．全体として強勢語は無強勢語より出現頻度が高く，両者の比率はおよそ3対2であるとされる（RAE, 2011: 370）．強勢語は2音節以上からなる語が多いのに対して，無強勢語の多くは1音節語である．

7.6.2. 強勢語の種類

　強勢語に含まれるのは次の種類の語である．

1）名詞
2）形容詞
3）動詞
4）副詞の大部分

— 80 —

7．アクセント

5）人称代名詞・再帰代名詞強勢形：yo（私），tú（君），él（彼，それ），
ella（彼女，それ），ello（それ），usted（あなた），nosotros（私たち），
nosotras（私たち［女性］），vosotros（君たち），vosotras（君たち［女性］），
ellos（彼ら，それら），ellas（彼女ら，それら），vos（君）；mí（私），ti（君），
sí（自分），conmigo（私と），contigo（君と），consigo（自分と）

6）指示詞：este, esta（これ，この），esto（このこと），ese, esa（それ，そ
の），eso（そのこと），aquel, aquella（あれ，あの），aquello（あのこと）

7）所有形容詞後置形・所有代名詞：mío（私の），tuyo（君の），suyo（彼 /
彼女の），nuestro（私たちの），vuestro（君たちの）

8）不定語：alguno（ある…），algo（何か），alguien（だれか），ninguno（ど
の…も），nada（何も…ない），nadie（だれも…ない），mucho（たくさん
の），poco（わずかな），tal（そのような），otro（他の），demás（その他の），
etc.

9）数詞：uno（1），dos（2），tres（3），diez（10），veinte（20），treinta（30），
ciento（100），mil（1,000）；primero（第 1 の），segundo（第 2 の），
tercero（第3の），etc.

10）疑問詞：qué（何），cuál（どれ），quién（だれ），cuánto（どれだけ），
cuándo（いつ），dónde（どこに），cómo（どのように）

11）関係詞：cual, el cual, la cual, lo cual

12）副詞から転用された接続詞・接続詞相当句：así（そこで），apenas（…
するとすぐに）；con todo（それにもかかわらず），sin embargo（しかし
ながら），no obstante（それにもかかわらず），etc.

13）前置詞：según（によれば）

14）間投詞：ay（ああ），ah（ああ），oh（おや），bah（ふん），caramba（お
やおや），huy（あーあ），uf（やれやれ），etc.

7.6.3. 無強勢語の種類
無強勢語には次の種類の語が含まれる．

1）定冠詞：el, la, los, las, lo

2）人称代名詞・再帰代名詞無強勢形：me（私に / を），te（君に / を），
lo（彼を，それを），la（彼女を，それを），le（彼 / 彼女に），nos（私た
ちに / を），os（君たちに / を），los（彼らを，それらを），las（彼女らを，

— 81 —

発音・文字

それらを），les（彼ら／彼女らに，），se（自分に／を）

３）所有形容詞前置形：mi（私の），tu（君の），su（彼／彼女の），nuestro（私たちの），vuestro（君たちの）

４）関係詞・複合関係詞：que, quien, cuyo, cuanto, cuan, donde, adonde, como, cuando, el que, la que, lo que

５）前置詞・前置詞相当句：a（に，へ），ante（の前に），bajo（の下に），con（とともに），contra（に対して），de（の，から），desde（から），durante（の間），en（で），entre（の間に），hacia（に向かって），hasta（まで），mediante（を通じて），para（のために），sin（なしで），sobre（の上に），tras（の後に），vía（…経由で），conforme a（に応じて），frente a（に面して），junto a（のそばに），respecto a（に関して），etc.

６）接続詞・接続詞相当句：aunque（…ではあるが），como（…なので），conque（そこで），luego（だから），mientras（…している間），ni（も…ではない），o（または），pero（しかし），porque（なぜなら），pues（…だから），que（…ということ），sino（…でなくて…），y（そして），aun cuando（たとえ…でも），como que（…であるから），como si（まるで…のように），con tal que（…ならば），puesto que（…であるから），ya que（…であるからには），etc.

７）副詞の一部：［程度］medio（半ば），tan（それほど）；［包含］aun（さえ），hasta（さえも），incluso（さえ）；［除外］excepto（を除いて），menos（を除いて），salvo（を除いて）

８）人名に付く敬称：don（…様），doña（…夫人），fray（…師），sor（…尼），san（聖…），santo（聖…）

7.6.4. 強勢語の無強勢化

以上の他，通常は強勢語であるが，アクセント句の一部を構成する場合は無強勢語となるものがある.

１）姓に付く敬称・肩書：padre（神父），madre（マザー），señor（氏），señora（夫人），señorita（…嬢），capitán（陸軍大尉，船長）

２）複合的な人名の前の構成素：*José* María, *Miguel* Ángel, *María* Luisa, *Mari* Carmen

３）複合的な地名の前の構成素：*Ciudad* Real, *Puerto* Rico, *Buenos* Aires

— 82 —

7. アクセント

4）複合的な数詞の前の構成素：*ciento* uno（101），*dos* mil（2,000），*treinta* y dos（32）；*vigésimo* primero（第21の）

5）呼びかけ形式の前の構成素：*buen* hombre（君），*amigo* mío（わが友よ），*tío* tonto（ばか者）

6）一定の慣用句の前の構成素：*patas* arriba（仰向けに），*cuesta* arriba（坂を上がって），*río* abajo（川を下って）

逆に，一般には無強勢語とされるものでも，文脈によっては強調のため卓立が与えられ，強勢語となることがある：<u>Pues</u> sí.（そうだとも）/ ¿<u>Por</u>?（なんで？）/ ¿<u>Y</u> Paco?（それでパコは？）.

7.7. 韻脚

韻脚（pie métrico, *foot*）はもともとギリシャ・ラテン語以来の伝統的な詩学の概念であり，詩のリズム，つまり韻律を作り出す基本的単位とされていた．現代の音韻論の一分野をなす韻律論（métrica）では，アクセント付与の基礎となる単位として韻脚が新しい概念をまとって使用されるようになった．一つの韻脚は強と弱の2要素から構成され，弱要素（elemento débil）に対し強要素（elemento fuerte）には卓立があると考えられる．脚韻は，その結合の順序により強弱格（pie trocaico）と弱強格（pie yámbico）に分けられる．一般に強勢アクセントを持つ言語では強要素を構成するのは強勢音節であり，弱要素を構成するのは無強勢音節である．韻脚はその言語の基本的リズムを作り出すとされ，スペイン語の基本的リズムは強弱格の韻脚で構成されているというのが韻律論分析の多くの見解である．

これまで韻律論分析に基づいてスペイン語のアクセント指定の規則を設定しようとする試みがいくつも行われてきた．しかし，どのような規則を立てても，実際の語のアクセント配置は原則から漏れてしまう例外が生じる．それをどのように説明すべきか問題が多い．また，韻律論者が主張するように語の音節構造によってアクセント配置が予測できるのかどうかという根本的な問題もまだ解明されていない．

発音・文字

7.8. いわゆる第２アクセント

スペイン語で通常の語アクセントの他に第２アクセントを認めるかどうか
は長く議論されてきた問題であるが，現在ではどちらかと言うと否定的な見
解が多い．しかし，アカデミア（RAE, 2010, 2011）は認める立場をとっている．
第１アクセント（acento primario）の位置は語アクセントと一致し，語の中で
最大の卓立を示すのに対し，第２アクセント（acento secundario）はより卓立
が小さいとされる．アカデミアが第２アクセントに言及している事例を整理
すると，次のとおりである（実例は同書から引用する）．便宜的に第１アク
セントは鋭アクセント記号（´），第２アクセントは重アクセント記号（`）
で示すことにする．

1）複合語 ── 複合語は，後述のように正書法上完全に１語として表記
   される固有複合語，２語がハイフンで結ばれる連辞的複合語および２語
   が分離して表記される統語的複合語に分類できる．この中で固有複合語
   は後の構成素に語アクセント（第１アクセント）が置かれ，前の構成素
   には第２アクセントが置かれるのが常であるとされる：sàcacórchos（コ
   ルク抜き），àguaniéve（みぞれ）

2）-mente 副詞 ── 接尾辞とされる -mente の付く形容詞からの派生副
   詞は，前の構成素に第２アクセント，後の構成素に第１アクセントがあ
   るとされる：afàbleménte（愛想よく）．この型の副詞は，教科書等では
   アクセントが２カ所あると説明されることが多いが，音声学的に観察す
   ると，まったく対等ではなく，-mente 部分のほうが卓立が大きいよう
   である．

3）語頭の音節 ── 語の先頭音節には第２アクセントが見られることが
   あるとされる：nàcionalizár（国有化する），nàcionalísmo（民族主義）．
   これは強調的なスタイルの談話では頻繁に現れると言う．同じ語でアク
   セントが隣接する音節に現れることはないとされるので，第２アクセン
   トが現れるのは３音節以上の語である．

4）韻脚に関わるアクセント ── 第１アクセントのある音節から前にさ
   かのぼって一つおきの音節に第２アクセントが現れるとされる：
   nàcionál（国民の），nacciònalización（国有化）．これはスペイン語の二拍
   子脚のリズムに関連すると考えられる．同じ理由で末尾第３音節強勢語

― 84 ―

7．アクセント

は，時に最終音節に第2アクセントが現れることがある：última（最後
の），párpadò（まぶた）．また，接語代名詞を伴う末尾第3音節語や末
尾第4音節強勢語では前接した接語代名詞に第2アクセントが置かれる
ことがある：cómelò（それを食べろ），cómetelò（それを食べてしまえ）

　以上の項目の中，真の意味で第2アクセントを議論する余地があると思わ
れるのは1）と2）であるが，完全に1語になりきっているかどうかという
複合語の結束性の問題と関連しそうである．3）は認める専門家もあるが，4）
は存在を否定する説が有力である．両方とも第2アクセントと感知される
ような特徴があるとしたら，通常の意味のアクセントではなく，韻脚による
リズムに関連する問題と思われる．

8．リズム

8.1. リズムの種類

　リズム (ritmo) とは，発話の流れの中で音の強弱や長短が規則的に繰り返されることによって知覚される感覚である．リズムを構成する単位の相違によって言語は強勢リズムを持つものと音節リズムを持つものに大別される．

8.1.1. 強勢リズム言語

　アクセント等時性言語 (lengua de isocronía acentual) とも言う．リズム単位はアクセント句，つまり強勢音節と無強勢音節の結合である．これは韻脚とも呼ばれる．知覚的には強勢音節がほぼ等間隔で繰り返されることによってリズムが感じられる．モールス信号リズムと例えられることもある．英語，ドイツ語，ロシア語などがこの型に属する．例えば，次の英文では強勢のある音節が等間隔で繰り返され，三つの韻脚で構成されている．

> I wánt | to gó | to the móvies. |
> 弱強　　弱強　　弱弱 強 弱

8.1.2. 音節リズム言語

　音節等時性言語 (lengua de isocronía silábica) とも言う．リズム単位は音節であり，あらゆる音節が強勢の有無にかかわらずほぼ等間隔で発音されることによりリズムが感じられる．この型のリズムは機関銃リズムと例えられることもある．スペイン語，イタリア語，フランス語などがこの型に属する．次はスペイン語の例である．

> Este estilo está de moda. [és.tes.tí.lo.es.tá.ðe.mó.ða]
> （このスタイルは流行している）

— 86 —

8. リズム

　どちらの型も，その等時性は物理的に等間隔で時間が等しいということではなく，あくまで聴覚印象によるものである.

8.2. スペイン語のリズム

　スペイン語は音節等時性の言語とされるのが普通である. ただし，前記のとおり等時性とは感覚的なものであり，物理的な持続時間（長さ）が等しいわけではない. スペイン語の実際の発話では強勢音節は長くなる傾向があり，特に文末の統語的アクセントのある音節は長めになる傾向がある. しかし，スペイン語では一般に無強勢音節でも母音弱化が起きることはない. 母音弱化（reducción vocálica）とは等時性を維持するため無強勢音節の母音の長さが縮小し，音質が変化する現象で，英語を始めとするアクセント等時性言語には顕著な特徴である.

　韻律論によれば，スペイン語ではこのように等時性を持つ音節二つが結合して一つの韻脚，すなわち強・弱の二拍子脚（pie binario）を構成している. このような韻脚が連続することによってスペイン語の基本的リズムが作られるとされる.

　ところで，スペイン語は音節等時性のリズムを持つというのが通説と言ってよいが，これとは反対にアクセント等時性を持つという説も古くからあり，長年議論が重ねられてきた. スペイン語の方言により，また談話のスタイルにより変異があるという説もある. 最近では強勢リズムと音節リズムの類型は二分法的にはっきりと対立するのではなく，その境界は推移的であるという主張もある. スペイン語のリズムは今後まだ検討を要する点の多い課題である.

＜参考14＞　日本語のリズム

　日本語のリズムはアクセント・リズム型と音節リズム型という二分法には収まらない. 日本語は音節等時性というよりモーラ等時性（isocronía moraica）を示す言語であるからである. モーラ（mora）は音の時間的な長さを示す音韻論的な単位で，拍とも言う. 日本語では音節よりも有用な単位とされる. 日本語の典型的な音節はVまたはCVの構造を持つが，これは1モーラに等しい. しかし，特殊音素と呼ばれる促音，撥音および長音も1モーラ

— 87 —

発音・文字

を構成する．例えば，「坂」[saka] は 2 音節で 2 モーラであるが，「作家」[sak.ka] は 2 音節で 3 モーラ，「サッカー」[sak.kaː] も 2 音節であるが，4 モーラとなる．音節文字とされるかな文字はモーラを表記する文字であると言ってもよい．ただし，拗音（キャ，キュ，キョなど）は 1 モーラである．モーラは物理的に測定すれば同じ長さではないが，等時性を持つと感じられ，日本語のリズムを形作っている．短歌，俳句など伝統的な定型詩や七五調の韻文はモーラ等時性のリズムを利用している．日本語では 2 モーラが一つの韻脚を構成していると考えられる．

　かつては類型論的に音節を基本単位とする言語とモーラを基本単位とする言語は対立すると考えられていたが，近年モーラという概念が英語やラテン語など音節型とされる言語の分析にも役立つと認識されるようになった．その場合モーラは音節より下位の単位として扱われる．同じモーラという用語でも内容は対象となる言語によって相違することがあるので注意を要する．

9. 音　調

9.1.　音調とその機能

　音調またはイントネーション（entonación）とは発話全体にかかるピッチ（tono），つまり聴覚的な音の高さの変動である．ピッチは物理的な基本周波数と関連するが，それと直接的に対応しているわけではなく，それに音の継続時間，音圧，前後の音の有無などいくつもの要因が絡んでいる．音調はアクセントとともに韻律的特徴を構成するが，アクセントのように語ごとに定まっているのではなく，発話全体に関わるので多様であり，文の構造や話し手の意図や感情によって変化する．しかし，そうした細部の相違にもかかわらずその文法的機能に着目すれば多くの発話に共通する一定の音調パターンを認識することが可能である．

　話し手は音調によって言語学的な情報だけでなく，自分の心理や感情などさまざまのパラ言語学的（paralingüístico）な情報も聞き手に示すことができる．しかし，言語学的に重要なのは音調が果たす次のような文法的機能である．

　1）示差機能（función distintiva）：話し手は音調によって平叙，疑問，命令のような叙述内容に対する発話態度の法性（modalidad de enunciación）を示すことができる．

　2）境界確定機能（función demarcativa）：話し手は音調によって発話の途中の切れ目（一時休止）や文末の切れ目（終末休止）を示すことができる．

9.2.　音群とその構造

　音調がかぶさる発話の単位を音群（grupo fónico）と言う．音調群（grupo de entonación），音調句（frase entonativa），メロディー群（grupo melódico），メロディー単位（unidad melódica）などとも呼ばれる．文や節が一つの音群を

構成することが多いが，発話が長い場合はいくつかの音群に分かれる．スペイン語の音群は5〜10音節から構成されるのが普通で，特に7〜8音節の場合が多いとされる．ただし，発話の速度や話者の意図によって音群の長さは変わることがある．例えば，話者が早口の発話では音群の区切りが少なく，逆にゆっくりとした改まった発話では細かくなりがちである．音群は休止(pausa)で区切られることが多いが，文中ではピッチの変動によって区切りが示される場合もある．

音群はいくつかの部分から構成される．音群の中でもっとも重要な部分は最後に現れる強勢音節であり，これを核(núcleo)と呼ぶ．核の後に続く音節があれば尾部(cola)と呼ばれる．核が音群の最後の音節に当たる場合は，尾部は欠けることになる．核の前にあるすべての音節は頭部(cabeza)と呼ばれる．一方，核と尾部を合わせて音調素(tonema)と呼ぶ．これと対応させて頭部を音調素前部(pretonema)または音調素前域(zona pretonemática)と呼ぶこともある．頭部と音調素を次の例文で分けて示す．

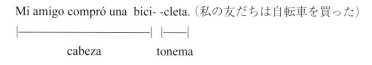

一つの文が一つの音群を構成している場合，一般に文頭は低いピッチで始まり，強勢のある最初の音節で高まって中間的なピッチになり，それが維持されたまま最後の強勢音節に達してから低いピッチに下降するか，高いピッチに上昇する．この最後の強勢音節から後の部分が音調素であり，音調素が核だけの場合は核の音節内で，尾部を持つ場合は尾部で上昇，下降などのピッチの変動が生じる．音群の頭部はさまざまの変異を見せることがあるが，音調素のピッチ変動のパターンは個人や方言の違いを越えて一定しているのが普通である．音調の文法的機能に関わる重要な部分はこの音調素である．

9.3. 音調のパターン

9.3.1. 音調素の類型

音調素におけるピッチの変動には基本的に下降調(descendente)，上昇調(ascendente)および平板調(suspensivo, nivelado)の三つの型がある．以下，

9. 音　調

それぞれ矢印 "↘, ↗, →" で示す. 発話の末尾の終末休止（pausa terminal）は "‖", 発話途中の一時休止（pausa temporal）は "|" で表すことにする.

A. 下降調

情報が完結していることを示す. 下降の程度が大きければ完全な終結を意味し, 小さければ不確実な意味合いが生じる. 下降調が用いられる代表的な場合は次のような音群の末尾である.

1）平叙文 ── 話し手が聞き手に情報を断定して伝える. 一般に平叙文は中程度のピッチから始まって最初の強勢音節にかけて上昇した後下がり気味になり, 最後の強勢音節（中核）で上昇した後, 急激に下降する.

　　　Está muy contento con su trabajo. ↘ ‖
　　　（彼は自分の仕事にとても満足している）

2）命令文 ── 話し手が聞き手に命令を下す.

　　　¡Levántate! ↘ ‖　（起きろ）

3）感嘆文 ── 話し手の感じた驚き, 感動などを聞き手に伝える.

　　　¡Qué pena! ↘ ‖　（かわいそうに）

4）部分疑問文 ── 話し手が疑問詞によって特定される情報を聞き手に要求する. 一般に文頭にある疑問詞で上昇した後下がり気味になり, 文末の中核で上昇した後急激に下降する.

　　　¿Dónde está el ascensor? ↘ ‖　（エレベーターはどこにありますか）

5）驚き・困惑・不満を表す疑問文

　　　¿Dices que te vas? ↘ ‖　（帰るって言うのかい）

6）呼びかけ ── 名詞句の形式をとる.

　　　¡Amigo!, ↘ | ya lo veo. ‖　（君, わかったぞ）

7）懇願 ── 命令文またはその一部を構成する.

　　　Por favor, ↘ | dígamelo. ‖　（どうぞ, おっしゃって下さい）

B. 上昇調

情報が未完結であることを示す. 上昇調が用いられる代表的な場合は次のような音群の末尾である.

1）全体疑問文 ── 情報を完結させるために聴き手に返答を求める. 一般に中程度のピッチで始まり, 上昇した後下がり気味となり, 低いままの中核から急激に上昇する.

── 91 ──

発音・文字

¿Quieres hablar con Fernando? ↗ ‖

（フェルナンドと話したいのかい）

2）丁寧な意味合いを含む部分疑問文

¿En qué puedo servirle? ↗ ‖　（なにかご用ですか）

3）挿入句

Su marido, | el ingeniero, ↗ | se jubilará el año próximo. ‖

（彼女の夫は技術者なんだけど，来年退職するらしい）

C. 平板調

発話の中断，あるいは発話がまだ継続中であることを示す．場合によって
ごく軽い上昇調または下降調に転じることもある．平板調が現れる代表的な
場合は次のような語句の末尾である．

1）修飾語句の直前にある語句

Las casas, → | que eran de ladrillo, | se derrumbaron por el terremoto. ‖

（家々はレンガ造りだったが，地震で崩壊した）

2）挿入句の直前にある語句

Nadie, → | que yo sepa, | ha entrado en el cuarto. ‖

（私の知る限り，だれも部屋には入っていない）

9.3.2.　2音群以上で構成される発話の音調

2音群以上から成る代表的な構文では，一般に次のような音調パターンを
とる．

1）複文 —— 二つ以上の節から構成される複文の場合，最後の節以外の
前に来る節はすべて上昇調となる．

Si llueve mañana, ↗ | no voy a pasear. ↘ ‖

（明日雨なら散歩には行かない）

2）選択疑問文（interrogativa disyuntiva）—— 前の選択肢は上昇調，後の
選択肢は下降調となる．

¿Quieres café ↗ | o cerveza? ↘ ‖

（コーヒーがいいかい，それともビールがいいかい）

3）付加疑問文（interrogativa ratificada）—— 文末に no, verdad などが付加
される構文で，確認的質問文（pregunta confirmatoria）とも言う．前の節
は下降調，後の付加疑問の部分は上昇調となる．

— 92 —

9. 音　調

No estás contenta, ↘ | ¿verdad? ↗ ‖ 　（君は満足してないんだろうね）

4）項目が列挙される場合

a）接続詞なしで項目が列挙される場合，各項目は下降調となる．

Esta tienda vende bebidas, ↘ | alimentos, ↘ | dulces, ↘ | congelados. ↘ ‖

（この店は飲み物，食料，菓子，冷凍食品を売っている）

b）等位接続詞（y, o）が含まれる場合，接続詞直前の項目のみが上昇調となり，それ以外の項目は下降調となる．

Esta tienda vende bebidas, ↘ | alimentos, ↘ | dulces ↗ | y congelados. ↘ ‖

（この店は飲み物，食料，菓子および冷凍食品を売っている）

c）動詞の前に主語を構成する項目が列挙される場合は，接続詞の有無にかかわらず最後の項目のみが上昇調となり，他の項目は下降調となる．

Rajoy, ↘ | Hollande ↘ | y Merkel ↗ | visitan la zona del accidente aéreo. ↘ ‖

（ラホイ，オランドおよびメルケルが航空事故の現場を訪問する）

＜参考 15 ＞　音調の表示方式

　音調を表示するにはさまざまの方式がある．従来の代表的な方式としては点と線で図式的に表すものや数字により高さレベルを表すもの（例えば，低レベルを 1，中間レベルを 2，高レベルを 3 とする）などがある．いずれにせよ，音響解析機器によるスペクトログラムで表示されるピッチ曲線とは異なり，その変動をより抽象化し，できるだけ単純化して表示する工夫である．例えば，数字レベルと音調素（末尾連接）を示す矢印を併用する Quilis（1988: 420）によると，次のような表示が行われる．

　　　　1　2　2　1　　　1 1
　　/ poR ké nó me lo díθes ↓ / 　　　¿Por qué no me lo dices?

　近年，音調研究でよく使用されるのは生成音韻論の流れを汲む自立分節音韻論（fonología autosegmental）に基づく ToBI（Tones and Break Indices）という方式である．英語を対象として発展したが，スペイン語でも Sosa（1999）がこの理論による分析を行ってから研究が広がった．REA（2011）でも ToBI 方式による表記が採用されている（スペイン語に特化した表記法は Sp_ToBI と呼ばれる）．この理論によると，音調分析の基礎となるのは発話に表れる

— 93 —

基本周波数の曲線であるが，その基底には高と低の二つのトーンの連続からなる音調構造があると仮定する．音調を担う句（音調句）の境界は％で示される．語強勢の位置は＊で示され，それと関連するトーンが相対的に高い場合は H，低い場合は L で示される．スペイン語では語の強勢音節に伴うピッチ・アクセントに次の類型があるとされる：H*, L*, H*+L, H+L*, H*+H, H+H*, L*+H, L+H*．この方式による表示の実例を REA（2011: §10.5b）から抜粋して示す．始めの境界を示す％は通常は省略される．

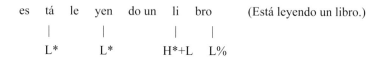

＜参考16＞　スペイン語と声の高さ

　一般に欧米人は日本人よりも話す声が低い．これにはさまざまな要因が絡んでいるとみられる．一つは身体的要因である．背の高い人は低い声になりやすく，背の低い人は声が高くなりやすい．これには声帯の長さや声道の広さなどが関係しているようだ．言語的に高低アクセントを使う日本語ではある程度高めの声域を使うほうがピッチの変動に対応しやすいということもあるだろう．しかし，何よりも大きいと思われるのは，文化的・社会的要因である．欧米では低い声は成熟した大人の声，反対に高い声は幼稚な子どもの声とみなされ，嫌われる．日本ではそうした見方は希薄で，とりわけ女性は高い声がかわいい声，女らしい声とみなされ，好まれる傾向がある．スペイン語圏の人は概して日本人より声が低いが，特にスペイン人女性の声の低さは印象的である．若い女性でも外見から想像もつかないような低い声を出す人が多い．発音の良し悪しとは別にスペイン語らしい声を目指すのであれば，男女を問わず腹式呼吸で息を深くすること，作り声ではない自分に合った低い声を見つけること，そして口を大きく開けて明瞭な大きめの声で話すよう心がけるとよいだろう．

Ⅱ．正書法

10. 文字と正書法

10.1. 正書法とは

　正書法（ortografía）とはある言語の表記法（escritura）を定める規則の集合を指す．スペイン語の ortografía という語の語源はギリシャ語の ὀρθο-（正しい），γραφία（書き方）に由来し，語源的には正しく書く方法という意味である．正書法は綴り字の規則（綴字法）と句読記号の規則を含む．ortografía はまた，正書法に従って書かれた語の綴り字（grafía，英語 spelling）を指すこともある．このように正書法という用語には規範的な綴字法（および句読記号の規則）およびそれに則った綴り字という二つの意味が含まれる．

10.2. 正書法の理念と原則

　言語はまず音声言語（lengua hablada）として成立し，非常に長い時間を経てから文字が発明され，文字言語（lengua escrita）が成立した．音声言語は音声の連続であるから文字で表すためには発話を分節し，語を切り出すことが必要である．漢字のような表語文字（logograma）は語を表記するが，表音文字（fonograma）は語をさらに音節または単音に分節して表す．つまり表音文字は，音節を表記するカナのような音節文字（silabario）および単音を表記する単音文字，すなわちアルファベットに分かれる．しかし，単音文字と言っても，文字は音声表記とは機能が異なり，個々の単音を表記するのが目的ではなく，それが構成素となっている語という言語単位を表記し，想起させるのが目的である．文字言語を読む人は，文字を一つずつなぞって読んでいくわけではなく，語をひとまとまりの単位として認識し，読み取っていると考えられる．このような意味で正書法は文字の種類がどうであれ，語を表記するという基本的な目的に応じるものでなくてはならない．

　音声言語は変化して止まないものであるのに対し，文字言語はいったん成

10. 文字と正書法

立すると固定化し，永続するという性質を持つ．漢字のような表語文字の場合は，表す語の音変化にかかわりなく使用し続けることが可能であり，現に中国でも日本でも古代と同じ多数の漢字がそれぞれ異なる現代音で読まれ，使用されている．しかし，アルファベットのような表音文字の場合は，事情が異なる．表音文字を用いた正書法は，成立した当時はその時代の音声言語を比較的忠実に反映した表音的な体系であったはずであるが，時代を経るにしたがって音韻は変化するのが常なので，音声言語と正書法の乖離が広がっていくことは避けられない．また，音変化が著しいと，既存の正書法では対応しきれない場合も生じる．表音文字は，その表音性ゆえに発音と文字の乖離や不合理性が強く意識されることになる．ロマンス語圏ではロマンス語が文字言語として定着する時代に基盤となるラテン語の正書法を改変して新しい正書法が作られ，規範化された．成立した正書法は，フランス語のようにラテン語の語源や綴り字を尊重する伝統主義的な傾向が比較的強いものとイタリア語，スペイン語，ポルトガル語のように表音性，合理性を求める表音主義的な傾向の強いものとに分かれる．しかし，どちらもラテン語の正書法を基礎としているので，程度の差はあれ，伝統主義と表音主義の原則を折衷したものとなっている．

　スペイン語では，近代初期の音変化に対応するため 18 世紀以降にかなり抜本的な正書法改革が行われた．アカデミアの改革に際してはやはり伝統主義的な立場と表音主義的な立場がせめぎ合ったようだが，結局は両者を折衷するような結果となった．文字言語はそれ自体の自律性を持ち，固定化する性質を持つ．また，固定化することによって文字言語の歴史的な継続性が保障されるという面も無視できない．近代にトルコやヴェトナムで行われたラテン文字への変更のように文学的伝統の断絶も辞さないような革命的な改革でない限り，どんな正書法改革も伝統主義と表音主義を妥協させたものとなるのは当然の成り行きである．

＜参考 17 ＞　ルーマニア語の正書法

　ロマンス諸語の一つであるルーマニア語の正書法は表音主義的であるが，最初の正書法は 16 世紀に成立したキリル文字によるものであった．しかし，18 世紀以降ルーマニア人の間でラテン系であるという民族意識が高まり，言語の浄化運動が起きてラテン系の語彙を再導入し，正書法もラテン文字に

発音・文字

よる方式に改めた．しかし，第2次大戦中ソ連に編入されたモルドヴァのルー
マニア語は一度キリル文字に戻され，1991年に独立してから再びラテン文
字に復帰した．これは正書法が政治的な原因で変えられた例であるが，日本
でも敗戦後の歴史的仮名遣いから現代仮名遣いへの変革や漢字制限は占領軍
の意向に沿って行われた．

10.3. スペイン語正書法の歴史

10.3.1. アルフォンソ正書法

　ロマンス語は俗ラテン語から発展した民衆の話し言葉であったため，初期
の時代には書かれることがなかった．スペイン語の最初の文献が現れるのは
10世紀であるが，その後次第に文書でも使用されるようになる．その綴り
字は基本的にラテン語の正書法を受け継ぐものであった．しかし，スペイン
語に限らずどのロマンス諸語も直面した問題は，ラテン語からロマンス語へ
の言語変化の過程で生じたラテン語にない音をどのように書き表すかという
ことであった．スペイン語も初期の時代にはさまざまの綴り字の工夫が行わ
れ，正書法は一定していなかった．画期的な変革が起きたのは13世紀後半
のアルフォンソ10世 (Alfonso X) 時代である．公文書にラテン語に代えて
ロマンス語，つまりスペイン語を用いる動きはすでに先代のフェルナンド3
世時代に始まっていたが，アルフォンソ10世はこれを一層推進し，公文書
だけでなく，さまざまのジャンルの著作物にもスペイン語の使用を広げた．
そのためには統一され，規範化された正書法が必要である．この目的にそっ
て成立した綴字法がアルフォンソ正書法 (ortografía alfonsí) と呼ばれるもの
である．ただし，この正書法は，当時のさまざまの文書，著作に共通して見
られる綴字法を総称するものであり，正書法そのものが規則にまとめられて
いたわけではない．このアルフォンソ正書法は時代や地域による変異を伴い，
多少の修正を受けながらも黄金世紀に至るまで規範として生き続けた．

　技術的な面で正書法の統一に大きく貢献したのは，15世紀半ばドイツで
発明された活版印刷術がヨーロッパ中に普及したことである．これによりそ
れまで写字生による写本に頼るしかなかった書物の製作が印刷によって大量
生産することが可能になった．活字をそろえ，印刷を行うためには正書法の
確立や字体の規格化が必要不可欠である．スペインでもこの時代から手書き

— 98 —

の時代に見られた多様な字形，記号，綴り字の変異が整理され，画一化・固定化が進むようになった．印刷術の普及により正書法の統一が著しく促進されることになったのである．1492 年にはネブリハ（Elio Antonio Nebrija）がスペイン語最初の文法書『カスティーリャ語文法（Gramática de la lengua castellana)』を刊行したが，そこでは冒頭で正書法が詳しく扱われ，さらにその死後 1523 年に『カスティーリャ語正書法規則（Reglas de ortographia en la lengua castellana)』が刊行された．これらはスペイン語の正書法を体系化して取り上げた最初の著述である．ちなみに，ネブリハはこれら著述の中でスペイン語に特徴的な ç, ch, ll, ñ を文字単位として認めている．

10.3.2. アカデミア正書法以後

A. アカデミアの創立と出版

16 〜 17 世紀のいわゆる黄金世紀は言語史上でも激変の時代であった．スペイン語の子音，特に歯擦音に大きな音変化が起きたためである．その結果，正書法と実際の発音がずれてしまい，綴り字にも混乱が生じるようになった．これを解消するため発音に合わせて正書法を変えようと試みる著述も現れたが，普及に成功したものはなかった．この正書法の問題は 18 世紀にハプスブルク王朝から交代したブルボン王朝の下でようやく解決に向かうことになった．フランスにならって 1713 年に設立された王立スペイン学士院（アカデミア，Real Academia Española）は，スペイン語の規範を確立するため『模範辞典（Diccionario de autoridades)』を編纂し，その中で辞典が準拠する正書法が規定された．さらに，1741 年『スペイン語正書法（Orthographía española)』初版が出版され，かなり抜本的な正書法改革が打ち出された．

ちなみに英語では，英国でも米国でも政府が英語の正書法問題に干渉することはなく，もっぱら民間の学界・出版界にそれが委ねられ，特に辞典の出版が正書法に大きな影響力を持った．これに対し，スペインでは国家主導の下に正書法の改革と規範化が行われたのが特徴である．その反面として，英語では抜本的な正書法改革が何度も提唱されながら実現することはなく，不規則きわまりないと内外で批判されることの多い伝統的な正書法が温存されたのに対し，スペイン語はそれとは対照的に規則的な正書法を持つことになった．

— 99 —

発音・文字

B. 18〜19 世紀のアカデミア正書法改革

『模範辞典』以降，18〜19 世紀にかけてスペイン学士院が数次にわたって行った正書法改革の主要な点は次のとおりである．これらは改革の最終結果を示したもので，全部が一挙に実行されたわけではない．

1）一定していなかった u/v の使用について母音は u，子音は v と区別する．

2）同じく i/y の使用をそれぞれ母音と子音に分け，y を母音表記に用いるのは接続詞 y と語末の二重母音・三重母音に限る．

3）発音の区別のなくなった b/v を語源により再配分する．

4）発音されない h を語源により復活させる．

5）歯擦音変化の結果，不要になった文字 ç，綴り字 -ss- を廃止する．

6）同じく区別が不要になった x/j のうち j を残し，x は [ks] を表記するためだけに残す．

7）ギリシャ語起源の語の綴り字 ph, th, ch を廃止し，f, t, c/qu に置き換える．

8）q の使用は語源によらずに c と使い分けし，que, qui という綴り字に限る．

9）ch, ll を二重字としてアルファベットに含める．スペイン語独特の字 ñ も当然アルファベットに含める．

10）現在まで続く句読記号の用法を定める．この中には 疑問符（¿ ?），感嘆符（¡ !）を文の前後に付ける規則も含まれる．

11）アクセント記号を鋭アクセント（´）と重アクセント（`）の 2 種類に限り，その使用規則を定める．重アクセント記号は単音節語の à, ò などに限られる．

これらの改革は，伝統主義的原則に表音主義的原則を折衷させたものとなっている．例えば，3）b, v の再配分，4）h の復活，c が -e, -i の前では /θ/，それ以外では /k/ を表すことおよび g が -e, -i の前では /x/，それ以外では /g/ を表すことなどは伝統主義的であり，5）ç, -ss- および 7）ph, th, ch [k] の廃止，6）x の使用の縮小，8）c, qu の再配分などは表音主義的な方向であると言える．

C. ベリョの正書法改革

19 世紀，スペインから独立したイスパノアメリカ諸国では言語・文化面

— 100 —

10.　文字と正書法

でもスペイン従属から脱しようとする機運が強まり，ベネズエラ出身でチリ
で活躍した多才な文人・政治家ベリョ（Andrés Bello）が1823年表音主義的
な正書法改革案を発表した．その提案は革新的な部分をかなり削られて
1844年チリで正式採用されたが，それ以外の国では一時的な影響を与えた
だけに終わり，チリも1927年スペイン学士院の正書法に復帰した．以後，
スペイン語圏はどの国もアカデミア正書法を共有して今日に至っている．

D.　20世紀以降のアカデミア正書法改革

　20世紀以降もスペイン学士院は数次の正書法改革を行ったが，前の時代
ほど画期的なものはなく，主にアクセント記号の使用に関する規則である．
この改革は，やや朝令暮改的な面も見られるが，近年顕著なのはアクセント
記号の使用をできるだけ必要最小限に限ろうとする傾向である．アクセント
記号以外で特筆されるのは1994年スペイン語アルファベット独特のch, ll
を独立した文字として扱う慣習を止めたことである．

　かつてスペイン学士院は，その名称どおりスペイン中心で，他のスペイン
語諸国にはほとんど無関心であったが，1951年フィリピン・米国の団体も
参加して「スペイン語学士院協会（AALE）」が結成されて以降とみにスペイ
ン語圏全体に目配りするようになった．近年学士院が出版する辞書や文法，
正書法にはそうした志向がはっきり見て取れる．最新の『スペイン語正書法』
«Ortografía de la lengua española» は2010年出版されたが，スペイン学士院
とスペイン語学士院協会の連名で刊行されている．

　アカデミア正書法は必ずしも全面的にスペイン語圏で受け入れられてきた
わけではない．特に外来語の場合，アカデミア公認の語形が定着せずに終わっ
てしまう例もある．また，正書法の改訂からそれが定着するまでに時間がか
かる場合もある．とりわけアクセント記号の規則は社会での受容に揺れが見
られる．それでも，アカデミア正書法がスペイン語圏唯一の統一された規範
として尊重され，権威を保っていることもまた事実である．

10.4.　スペイン語の文字

10.4.1.　アルファベット

　スペイン語はラテン文字を使用する．そのアルファベット（alfabeto,
abecedario）は次の27の文字（letra）で構成される．上段から大文字，小文字，

― 101 ―

発音・文字

文字名の順に示す.

A a a	B b be	C c ce	D d de	E e e	F f efe	G g ge	H h hache	I i i
J j jota	K k ka	L l ele	M m eme	N n ene	Ñ ñ eñe	O o o	P p pe	Q q cu
R r erre	S s ese	T t te	U u u	V v uve	W w uve doble	X x equis	Y y ye	Z z zeta

文字の中には異名を持つものもある.

1) b/v: イスパノアメリカでは b と v を区別するために be larga / ve corta, be grande / ve chica, be alta / ve baja と呼ぶ地域がある.

2) r: かつては ere とも erre とも呼ばれ, また単独の r を ere, 二重字の rr を erre と呼んで区別する用語法もあった. しかし, 現在のアカデミア正書法では単独の r を erre, 二重字の rr を erre doble (または doble erre) と呼んで区別している.

3) w: メキシコ・中米では英語の影響で doble u とも呼ばれる.

4) y: アカデミアは ye を正式名称としているが, 伝統的に i griega と呼ばれ, 今日でもこの名称のほうが一般的である.

5) z: zeda とも呼ばれたが, この名称は今日ではまれである.

10.4.2. 二重字

アルファベットに含まれる文字の他にスペイン語には二重字 (dígrafo) と呼ばれる複合的な文字単位が次のとおり五つある. いずれも一つの音素を表示する機能を果たす.

1) ch: /t͡ʃ/ を表す.

2) ll: /ʎ/ を表すが, Y 語法の地域では y と同音で, /j/ を表す.

3) rr: 母音間のみに現れ, /r/ を表す.

4) qu: 母音 e, i の前のみに現れ, /k/ を表す.

5) gu: 母音 e, i の前に現れる場合に限り /g/ を表す.

これらの中で ch (che) および ll (elle) は独自の名称を持ち, アカデミアは

— 102 —

10. 文字と正書法

1754 年の正書法改訂以降アルファベットに独立した文字として組み入れ，1803 年のアカデミア辞典 4 版から独立した見出し項目として取り扱ってきた．これによりスペイン語のアルファベットは合計 29 文字とされた．しかし，1994 年に辞典の見出し項目として扱うことは廃止し，2010 年の正書法改訂でアルファベットからも外した．もう一つの二重字とされる rr (erre doble, doble erre) は語頭に来ることはないので，アルファベットの文字としては除外されていた．

　アカデミアが cu, gu を二重字扱いする例は RAE (2005: abecedario の項) ですでに見られるが，2010 年の『正書法』で明記され，2014 年の『辞典』23 版では cu, gu が見出し項目ともなっている．本書も，これらを二重字として扱う．また，単一の文字と二重文字を合わせて文字単位 (unidad gráfica) と呼ぶことにする．

＜参考 18 ＞　文字素

　ある言語を書き表すための書記体系 (sistema gráfico) を構成する文字単位は文字素 (grafema) と呼ばれる．字素，書記素とも訳される．文字素については二つの考え方がある．第 1 は，文字素を書記体系の最小単位と考えるもので，スペイン語のような表音文字を用いる言語ではアルファベットを構成する個々の文字に等しいとされる．第 2 は一つの音素に対応する文字単位を一つの文字素と考えるものである．これによると，ch, ll のような二重字は 1 音素を表示する 1 文字素と見なされる．しかし，第 1 の説に従えば，ch は文字素 c と h の結合，ll は文字素 l が二つ結合したものということになる．アカデミア正書法 (2010) は第 1 の説をとっており，文字素とは文字 (letra) と同義語であるとしている．この説をとるとすれば，文字とは別に文字素という単位を立てることは，あまり意味があるとは思えない．ただし，文字素という単位を立てると，大文字，小文字，フォントあるいは書体の相違は捨象され，同じ文字素と見なされることになる．例えば，A, a, *a* などは同じ文字素 <a> の異文字 (alógrafo) と見なされる．これは音素に対する異音と同様の類推である．

　本書では誤解を招く可能性のある文字素という用語を避け，単独の文字と二重文字のどちらも同じ表音的機能を持つ文字単位として扱う．

発音・文字

10.5. 音素と文字の対応

10.5.1. 母音音素

スペイン語には五つの母音音素がある．文字との対応関係は次のようになる．

A. 母音音素が常に一つの文字単位で表記される場合

音　素	文　字	実　例
/a/	a	aguja, ama, caro, familia
/e/	e	ese, cena, poder, hombre
/o/	o	obra, oso, posible, grupo

B. 母音音素が複数の文字単位で表記される場合

音素	文字	現れる環境	実　例
/i/	i	下記以外の場合	idea, vida, casi, así, bien, aire
	y	接続詞 y	y
		/i/ が語末にある二重母音または三重母音の末尾の無強勢母音である場合	ay, rey, convoy, muy, Paraguay, buey
		例外的な綴り字を持つスペイン語圏内外の固有名詞および借用語	Goytisolo, Yrigoyen, Seychelles, Lyon, Myanmar, pyroli（ピロリ菌）
		略号を単語として読む場合	PYME (<pequeña y mediana empresa)
/u/	u	下記以外の場合	uso, minuto, espíritu, bambú, suave, aula
	ü	/gue/ および /gui/ という音連続を表す場合	vergüenza, bilingüe, lingüística, pingüino
	w	主に英語からの借用語および借用語から派生した語*	waterpolo, web, whisky, sándwich, lawrencio, taekwondo（テコンドー）, tweed, twist, Washington

＊音節頭部で二重母音を構成している場合，先頭の周辺母音 /u/ はしばしば [g̯u] に変化して発音される：waterpolo [g̯uaterˈpolo]（水球），sándwich [ˈsaŋg̯uit͡ʃ]（サンドイッチ）

— 104 —

10.5.2. 子音音素

すでに見たとおり，スペイン語の子音音素の数は地域により相違があり，北部体系の地域では 19 であるが，Y 音化がある場合は一つ減って 18 となる．S 音化体系の地域の大部分は Y 音化も起きるので子音音素はさらに減って 17 である．ここでは北部体系を中心的に取り上げるが，S 音化と Y 音化の体系についても言及する．

A. 子音音素が常に一つの文字単位で表記される場合

音 素	文 字	実 例
/p/	p	peso, copa, opción, prisa, top（タンクトップ）
/t/	t	taza, otoño, entre, atleta, complot
/d/	d	dama, dedo, drama, adquirir, usted
/f/	f	fama, sofá, flor, afgano, golf
/j/	y	ya, yugo, proyecto, oyente
/t͡ʃ/	ch	chico, leche, cancha, huich（わーい［間投詞］）
/l/	l	lado, color, gloria, olvido, sol
/ʎ/	ll (1)	llave, lluvia, calle, conllevar
/m/	m	mano, amor, amparo, médium
/n/	n (2)	noche, dinero, tanto, orden
/ɲ/	ñ	ñoño, caña, cigüeña, sueño
/ɾ/	r (3)	cara, crema, arma, tener

(1) Y 音化の地域では /ʎ/ が /j/ に合流するため，/j/ は ll と y の二つの文字単位で表記されることになる．

(2) 両唇音 /b/ の前では鼻音 /m/ と /n/ の対立がなくなり，どちらも [m] で発音されるが，正書法上 b の前では m，v の前では n で表記される：combate（戦闘），embarque（乗船）；convoy（護送），invitar（招待する）

(3) はじき音 /ɾ/ は語頭の位置および前の音節の尾子音の後には現れない．その位置にある r はふるえ音 /r/ を表す：radio（ラジオ），sonrisa（微笑），israelí（イスラエルの）

— 105 —

発音・文字

B. 子音音素が複数の文字単位で表記される場合

1）/b/

音素	文字	現れる環境	実 例
/b/	b	ラテン語の語源で b および p であったもの (1)	beber, boca, sábado, obvio, lobo
	v	ラテン語の語源で u, v および f であったもの (2-3)	vivir, voz, enviar, advertir, provecho
	w	借用語とその派生語 (4)	wáter, wagneriano, wolframio, Westfalia

(1) b —— b と v は語源および慣用により書き分けられる．中世スペイン語で /b/（文字 b）と /β/（文字 v）は別の音素であったと考えられるが，16 世紀には対立がなくなり，/b/ に合流した．18 世紀の正書法改革で b と v は語源により書き分けられることになった．ラテン語で b および p であったものは b で表記される（上記の例）．しかし，語源に反して慣用により b が定着した語もある：barbecho（休耕地），boda（婚礼），bulto（こぶ）

(2) v —— ラテン語の語源で u, v および f であったものは v で書かれる（上記の例）．しかし，語源に従えば b であるべきところ，慣用により v が定着したものもある：avellana（ヘーゼルナッツ），móvil（移動できる）

(3) b/v —— 借用語は借用源の言語の文字または発音により b か v で表記されるのが原則である：bambú（竹），bloque（塊），kabuki（歌舞伎），club（クラブ），Bagdad（バグダード）；vals（ワルツ），vodka（ウォツカ），vudú（ブードゥー教），tranvía（路面電車），Kiev（キエフ）

(4) w —— スペイン語化が進んだものは v で書替えられることもある：wáter > váter（水洗便所），wolframio > volframio（タングステン），walkiria > valquiria（ワルキューレ）

— 106 —

10. 文字と正書法

2）/k/

音素	文字	現れる環境	実　例
/k/	c	/a, o, u/ の前 (1)	cabeza, cosa, cuna, cuatro
		音節頭部で子音音素の前	crema, acróbata, aclarar
		音節末	técnica, pacto, clic, frac
	qu	/e, i/ の前 (2)	queso, esquema, aquí, quince, quien
	k	ギリシャ語起源の学識語	kilo, kilómetro, kinético, koiné
		借用語とその派生語 (3)	kaki, káiser, kantiano, Alaska, Kenia, Kuwait

（1）c —— c と qu の区別は語源と無関係に後に来る母音の相違によって
定められている.

（2）qu —— 借用語およびラテン語由来の学識語では qu が例外的に /ku/
を表すことがある：quark（クォーク），quásar（クエーサー）; quid pro
quo（代用），quídam（誰かさん）.しかし，アカデミアは外来語の場合
はスペイン語の正書法に合わせて書替えた cuark, cuásr を推奨し，ラ
テン語の場合はラテン語借用語（latinismo）としてアクセント記号を付け
ないラテン語のままの語形を推奨している：quidam

（3）k —— k を用いる外来語についてアカデミアはスペイン語化した正書
法を推奨している場合もあるが，必ずしも一般に受け入れられていると
は言えない：bikini > biquini（ビキニ），harakiri > haraquiri（切腹），
kimono > quimono（着物）

3）/g/

音素	文字	現れる環境	実　例
/g/	g	/a, o, u/ の前	ganar, golpe, gusto, guapo
		音節頭部で子音の前	grupo, agrio, glaciar, gloria
		音節末	enigma, zigzag, amígdala, gong
	gu	/e, i/ の前 (1)	guerra, higuera, guitarra, águila, alguien

— 107 —

発音・文字

(1) gu —— 母音の項で述べたとおり，güe, güi のように分音符号の付いたüは二重母音を構成する周辺母音として発音される：bilingüe（二言語併用の）

4）/θ/

音素	文字	現れる環境	実　例
/θ/	z	/a, o, u/ の前	zapato, zona, zurdo, azúcar
		音節末	juzgar, bizcocho, diez, paz
		ギリシャ語起源の学識語で /e, i/ の前	zeugma, enzima, zirconio
		借用語で /e, i/ の前 (1)	zen, kamikaze, zéjel, nazi, Zimbabue
	c	母音 /e, i/ の前 (2)	ceja, hacer, cielo, cocina

(1) z —— 母音 /e, i/ の前では c を用いるのが原則であるが，その環境でも z が現れるのはこの文字名（zeta）とギリシャ語起源の学識語および借用語である（上記の例）．他に少数の擬態語も含まれる：zigzag（ジグザグ），zipizape（けんか）．一部の学識語・借用語の中には母音 /e, i/ の前で c か z か変異があるものも見られる：ácimo / ázimo（無酵母の），bencina / benzina（ベンジン），cinc / zinc（亜鉛），circonio / zirconio（ジルコニウム），eccema / eczema（湿疹）

(2) c —— S 音化体系の地域では /θ/ が /s/ に合流しているので，/s/ は s, c (+ e, i)，z の 3 文字単位で表記されることになる．

5）/s/

音素	文字	現れる環境	実　例
/s/	s	下記以外の場合	sala, casa, bosque, oasis
	x	ギリシャ語起源の学識語で語頭にある場合 (1)	xenofobia, xenón, xerocopia, xilófono

(1) x —— メキシコではナワトル語起源の借用語や地名で /s/ を表すことがある（後述の文字 x の項を参照）．

— 108 —

10. 文字と正書法

6）/x/

音素	文字	現れる環境	実　例
/x/	j	/a, o, u/ の前 (1)	jabón, ojo, juego, juicio
		語末	reloj, boj
	g	/e, i/ の前 (2)	gente, coger, girar, higiene, colegio
	x	メキシコおよび旧メキシコ領の地名とその派生語 (3)	México, Oaxaca, Texas, mexicano, oaxaqueño, texano

(1) j —— 歴史的に見ると，中世スペイン語では無声の /ʃ/ (x) と有声の /ʒ/ (j, g + e / i) が対立していたが，15 世紀頃から有声・無声の対立がなくなって /ʃ/ に合流し，さらに 17 世紀には /x/ に変化した．発音の区別がなくなったため，アカデミアは 1815 年の正書法改革で j を残し，/x/ を表す文字として x を使用することは廃止した．

(2) g —— 母音 /e, i/ の前では j または g が用いられる．その使い分けは語源的な理由による．j が現れるのは語源的に中世スペイン語で x または j で書かれていた語である：(x >) ejemplo（例），dije（< decir 言う），ejido（共有地）；(j >) objeto（物体），sujeto（者），jinete（騎手）．しかし，借用語の中には語源的に g となってもおかしくないのに j で書く慣用が定着したものもある：viaje（旅行），garaje（車庫），mensaje（伝言），jirafa（キリン）

(3) x —— メキシコではこれらの地名について伝統を尊重し，19 世紀初頭のアカデミア正書法改革以前の綴り字を残している．スペインでは正書法改革後 Méjico のように x を j に変えた綴り字が用いられてきたが，現在ではメキシコの慣用に従うのが一般的である．

7）/r/

音素	文字	現れる環境	実　例
/r/	r	語頭	raíz, real, rico, rueda
		直前の音節に尾部子音（通常は /l, n, s/）がある場合 (1)	alrededor, honrado, Israel
	rr	母音間 (2)	arroz, barrio, carrera, horrible

— 109 —

発音・文字

（1）r ── r で始まる語の前に子音で終わる接頭辞が添加された派生語または子音で終わる語が結合した複合語の場合も同様に /r/ を表す：subrayar（下線を引く）；ciudadrealeño（シウダー・レアルの）

（2）rr ── r で始まる語の前に接頭辞または複合要素が結合し，r が母音間に位置するようになったときは rr に書替えられる：contrarreloj（タイムトライアル），infrarrojo（赤外線の），vicerrector（副学長）；guardarropa（クローク）．前の結合する要素が r で終わる場合も rr で書かれる：interregional（地域間の），superrealista（超現実主義の）

10.5.3. 文字 h

A. 黙音の h

原則として h はスペイン語のアルファベットの中で唯一いかなる音素も表さない文字である．このような用法の h を「黙音の h（H muda）」と呼ぶ．母音の前（音節頭部の位置）にあっても，母音の後（音節尾部の位置）にあっても，母音の発音はまったく変わらない．

1）h＋母音字：haber（ある），hermoso（美しい），hijo（息子），ahora（今），humo（煙），alhaja（宝飾品），bohemio（ボヘミアの），deshecho（壊れた），rehén（人質）

2）母音字＋h：ah（ああ），bah（ふん），sah（シャー［イランの王］），eh（おい），oh（ああ），brahmán（バラモン）．音節末の位置に h が現れるのは借用語（sah, brahmán など）でなければ間投詞に限られる．

語中で h を挟んで同じ母音が連続する場合，丁寧な発音では母音が長くなるが，日常のくだけた発音では単母音として発音される：azahar（柑橘類の花），Bahama（バハマ），dehesa（牧草地），nihilismo（ニヒリズム），moho（かび），alcohol（アルコール）．

発音されない h が維持されているのは伝統的な正書法の原則によるが，h の由来は次のようにさまざまである．

1）ラテン語の h に由来するもの：anhelar（熱望する），haber，hábil（上手な），honor（名誉），hoy（今日）．ラテン語の h はすでに帝政時代から黙音になっており，中世スペイン語では書かれないのが普通だったが，18 世紀の正書法改革で語源に従い復活した．

2）ラテン語の f に由来するもの：hacer（作る），herir（傷つける），hijo,

── 110 ──

10. 文字と正書法

hilo（糸），humo. ラテン語に由来する f は中世スペイン語で気音化して [h] になり，さらに 16 世紀には発音されなくなったが，綴り字は維持された.

3）ギリシャ語起源の学識語：hegemonía（覇権），hemisferio（半球），hereje（異端者），hidrógeno（水素），hipismo（馬術）

4）借用語の語源に由来するもの

(a) アラビア語からの借用語：alcohol, alhaja, almohada（枕），hazaña（偉業），hégira（ヘジラ）．8 世紀から 15 世紀まであったイベリア半島のイスラム支配の時代，特にその前期に多数のアラビア語がスペイン語に借用された.

(b) アメリンディアン諸言語からの借用語 (americanismo)：hamaca（ハンモック），huarache（サンダル），huracán（ハリケーン），bohío（掘っ立て小屋）

(c) その他外来語：hamburguesa（ハンバーガー），handicap（ハンディキャップ），harakiri（切腹），hindú（インドの），hotel（ホテル）

5）語頭の二重母音 /ue/ を表記するもの：hueco（空っぽの），huérfano（孤児），hueso（骨），huevo（卵）．近代の正書法改革に至るまで文字 v と u は明確に区別されていなかったので，語頭に二重母音 /ue/ が現れる語は語頭の u または v が子音でないことを示すため語源とは無関係に h を添えて書かれた.

6）語源と無関係な h が語頭に定着したもの：hallar（見つける），henchir（膨らませる）．語源のラテン語の ge- が変化して頭子音が消失した後，綴り字上で h が残された場合もある：gelare > helar（凍らせる），germanus > hermano（兄弟），gelu > hielo（氷）．間投詞の一部も語源と関係のない h が書かれる：huy（おやまあ），ah, bah, eh, oh

B. h と j の交替

15 世紀頃まで文字 h は声門摩擦音 [h] として発音されていた．このような h を「気音の h (H aspirada)」と呼ぶ．やがて h は黙音化するが，地域によって黙音化の時期には相違があり，気音と黙音が共存していた時期もあった．現代でもなお黙音化した語形と摩擦音を保つ語形が共存している例がある．ただし，後の場合，気音の h は [h] から [x] に変化し（ただし，スペイン南部とイスパノアメリカの多くの地域では [h] のまま），綴り字も j に書替えら

— 111 —

れている：halar / jalar（引く），hipido / jipido（しゃくり上げ），holgorio / jolgorio（お祭り騒ぎ），hondo / jondo（深い），hopo / jopo（ふさふさした尾）

外来語の場合も，h は黙音となるのが原則である．しかし，h 音を持つ外国語（英語，ドイツ語，日本語など）からの比較的新しい外来語では h を [x]（または [h]）で発音することがある．また，この音を明示するため綴り字が原語の h から j に書替えられた例もある：jaibol（< highball）（ハイボール），jipi（< hippy）（ヒッピー），jonrón（< home run）（ホームラン），suajili（< swahili）（スワヒリ語）．

10.5.4. 文字 x

子音群 /ks/ を表すのが原則である：contexto（文脈），exacto（正確な），examen（試験），excelente（優れた）．しかし，音節末の位置に x がある場合（excusa（言い訳），extranjero（外国），mixto（混合の）など），丁寧な発音では [ks] であるが，日常的な発話（特にスペイン）ではしばしば前の [k] が脱落して [s] だけが発音される：excusa [es'kusa]．

以上の他，x は次のように単一の音素を示す場合がある．

1）/s/：すでに /s/ の項で述べたとおり，主にギリシャ語由来の学識語に現れる語頭の x は /s/ を表す：xerocopia（ゼロックス），xilófono（木琴）．この他に，メキシコで用いられるナワトル語起源の借用語の一部では語頭および音節末の位置にある x が /s/ を表す：xochilo（植物の芽），Xochimilco［メキシコの地名］，Xochicalco［同左］，Mixcoac［同左］，Tlaxcala［メキシコの州名］

2）/x/：前記 /x/ の項（§10.5.2 B）で述べたとおり，メキシコの一部の地名および地名形容詞では /x/ を表す．

3）/ʃ/：メキシコ・中米ではナウアトル語，マヤ語などアメリンディアン諸語からの借用語で現代スペイン語にはない /ʃ/ を表す：mixiote（肉を蒸した料理），xocoatole（トウモロコシ粉を発酵させた食品），xocoyote（末っ子），Xicalango［メキシコの地名］，Xola［同左］，Xel-Há [ʃel'ha]［同左］．また，スペインではガリシア語やカタルーニャ語からの借用語でも用いられる：xouba（イワシ＜ガリシア語），Xavi［カタルーニャ語 Xavier の短縮語］，Xunta（ガリシア自治州政府）

植民地時代，メキシコ・中米ではアメリンディアン諸語から語彙を借用す

る際，/ʃ/ は当時同音であった x で表記したが，スペイン語で /ʃ/ > /x/ の変化が起きた際，大半の借用語にも同じ音変化が起きて，綴り字は j に書替えられた：ajolote（アホロートル［動物］），jícara（チョコレート用小カップ），jicote（ハリナシミツバチ），Jalapa［メキシコの地名］，Jalisco［メキシコの州名］．しかし，一部の地名は前記のように古い綴り字を残した．また，地名の中には綴り字が x のまま発音が前記のように [s] に変化したものと一部は [ks] に変化したものもある：Ixtlahuacán［メキシコの地名］，Tuxtepec［同左］．

10.5.5. 語頭の学識語的子音群

主にギリシャ語起源の学識語の中には，次のようにスペイン語の音韻体系では通常見られない子音群を語頭に含むものがある．

cn-：cneoráceo（双子葉植物の），cnidario（刺胞動物の）

gn-：gneis（片麻岩），gnómico（格言の），gnomo（地の精），gnoseología（認識形而上学），gnosis（グノーシス）

mn-：mnemónico（記憶術の），mnemotecnia（記憶術），mnemotécnico（記憶を助ける）

pn-：pneuma（霊）

ps-：pseudónimo（筆名），psicoanális（精神分析），psicodrama（心理劇），psicolingüística（心理言語学），psicología（心理学），psiquiatra（精神科医）

pt-：pteridofito（シダ植物の），ptialina（プチアリン），ptolemaico（プトレマイオスの），ptomaína（プトマイン），ptosis（下垂症）

実際の発話では，これらの子音群の先頭の子音は発音されない．このため，多くの語で先頭の子音を落とした表記も用いられる：neis, nemotecnia, seudónimo, tolemaico. 特に pn- の場合は p を落とした綴り字の方が一般的である：neuma, neumático（タイヤ），neumología（呼吸器病学），neumonía（肺炎），neumotórax（気胸）.

— 113 —

発音・文字

10.6. 文字と音素の対応

これまで音素がどのように文字に対応するかを見てきたが，逆に文字はどのように音素に対応しているかを整理し，単一の文字と二重字の場合に分けて以下アルファベット順に示す.

10.6.1. 単一の文字と音素の対応

文字	現れる環境	音素	実例
a		/a/	ama, agua, estar
b		/b/	boca, pobre, beber
c	c + a, o, u	/k/	cabeza, poco, cuna
	c + 子音		crema, claro, escribir
	音節末		directo, técnica, clic
	c + e, i	/θ/（S 音化地域：/s/）	cena, cinco, precio
d		/d/	duda, poder, red
e		/e/	este, entonces, bueno
f		/f/	fama, frente, golf
g	g + a, o, u	/g/	gallo, golpe, agudo
	g + ü + e, i		vergüenza, pingüino, bilingüe
	g + 子音		gloria, grande, agrio
	音節末		enigma, cognición, zigzag
	g + e, i	/x/	genio, girar, página
h		/ø/	hábil, héroe, ahí
i		/i/	idea, bien, así
j		/x/	jefe, joven, reloj
k		/k/	kilo, kaki, yak
l		/l/	lago, leche, tal
m		/m/	mano, mejor, comida
n		/n/	nada, noche, orden
ñ		/ɲ/	ñoño, caña, seña
o		/o/	oso, modo, tipo
p		/p/	pan, planta, óptimo

— 114 —

10. 文字と正書法

文 字	現れる環境	音 素	実 例
r	-r-	/ɾ/	cara, oro, aire
	子音 + r		crimen, brazo, patria
	音節末		carne, puerta, poner
	語頭	/r/	raíz, real, río
	l, n, s + r		alrededor, honra, israelí
s		/s/	sal, casa, después
t		/t/	tanto, trabajo, ritmo
u	下記以外	/u/	uso, lugar, tribu
	g + ü		güiro, lingüista, cigüeña
v		/b/	vaso, viejo, calvo
w	外来語の一部	/u/	waterpolo, whisky, web
	同上	/b/	wáter, wagneriano, wolframio
x	-x-	/ks/	examen, exacto, taxi
	音節末	/ks/ または /s/	excusa, mixto, tórax
	x-	/s/	xenofobia, xenón, xilófono
y	下記以外	/i/	y, rey, muy
	y-	/j/	ya, mayo, yeso
z		/θ/（S 音化地域：/s/）	zapato, zona, paz

10.6.2. 二重字と音素の対応

文 字	現れる環境	音 素	実 例
ch		/t͡ʃ/	chico, choque, ancho
gu	+ e, i	/g/	guerra, guía, águila
ll		/ʎ/（Y 音化地域：/j/）	llamar, calle, pollo
qu	+ e, i	/k/	queja, quién, aquí
rr		/r/	perro, barro, pararrayos

発音・文字

10.7. 外来語の例外的表記

外来語 (スペイン語圏内の異言語を含む) および外来の固有名詞の中には通常のスペイン語正書法から外れた例外的な文字の使用を行うものがある. 主要な場合は次のとおりである.

文 字	音 素	借 用 源	実 例
g (+ e, i)	/g/		geisha ['geisa / 'geiʃa] (芸者)
	/j/	主に英語, フランス語およびカタルーニャ語からの借用語	gentleman ['jentelman] (紳士), gillette [ji'lete] (替刃式安全かみそり), Generalitat (カタルーニャ自治州政府), Girona [カタルーニャの地名]
gh	/g/		Ghana
j	/j/	主に英語からの借用語	jazz ['jas] (ジャズ), jeep ['jip] (ジープ), jet (ジェットエンジン)
sh	/ʃ/	主に英語からの借用語	sheriff ([米国の] 保安官), short (ショーツ), show (ショー)
ts	/ts/		tse-tsé (ツェツェバエ), tsunami (津波), Tsipras [ギリシャ人の姓]
tz	/ts/	バスク語からの借用語. 実際の発音は [t͡ʃ] となることが多い	ertzaina (バスク自治州警官), ertzaintza (バスク自治州警察)
tx	/t͡ʃ/	バスク語からの借用語	txistulari (バスクの縦笛奏者), txoko (バスクの男性美食クラブ)

10.8. 語形変化に伴う正書法変化

名詞, 形容詞および動詞は語形変化に伴い, 正書法の規則に従って綴り字を書替えなければならない場合が生じる.

— 116 —

10. 文字と正書法

10.8.1. /k/, /θ (s)/, /g/ および /x/ の表記

子音音素の正書法の項で見たとおり，これらの音素を含む音節は次のように表記するのが原則である．

	/a, o, u/ の前	/e, i/ の前
/k/	ca, co, cu	que, qui
/θ/	za, zo, zu	ce, ci
/g/	ga, go, gu	gue, gui
/gu/	gua, guo	güe, güi
/x/	ja, jo, ju	ge, gi

この正書法の原則により次のような場合は綴り字の書替えを行わなければならない．

1）名詞・形容詞で語末が z で終わるものは複数形でそれを c に書替える：lápiz > lápices（鉛筆），voz > voces（声）; audaz > audaces（大胆な），feliz > felices（幸せな）

2）借用語など例外的に語末が c で終わる名詞は，複数形でそれを qu に書替える：frac > fraques（燕尾服）

3）不定詞語尾が -cer, -ger, -quir, -guir となる動詞は，直説法現在 1 人称単数および接続法現在の語幹をそれぞれ z, j, c, g に書替える：vencer（打ち負かす）> venzo / venza, coger（つかむ）> cojo / coja, delinquir（罪を犯す）> delinco / delinca, distinguir（区別する）> distingo / distinga

4）不定詞語尾が -car, -gar, -zar, -ger となる動詞は，接続法現在の語幹をそれぞれ qu, gu, c, j に書替える：buscar（探す）> busque, llegar（着く）> llegue, distinguir > distinga, alcanzar（追いつく）> alcance, coger > coja

10.8.2. 二重母音 /ie/, /io/ の表記

母音音素の項で述べたとおり，音節が頭子音なしの二重母音 /ia, ie, io, iu/ で始まる場合, 先頭の周辺母音 [i] は接近音 [j] または摩擦音 [j] に変化する．動詞活用によってこのような音節が生じる場合，正書法ではその子音を y で表記するよう定められている：leer（読む）> leyó［過去 3 人称単数］/ leyeron［同 3 人称複数］/ leyera［接続法過去 1・3 人称単数］/ leyendo［現在分詞］,

— 117 —

errar（誤る）> yerro［現在 1 人称単数］/ yerre［接続法現在 1・3 人称単数］.

10.8.3. 二重母音 /ue/ の表記

　黙字の h の項で述べたとおり，語頭にある /ue/ は hue- と表記するのが正書法の原則である．このため，母音変化動詞のうち語頭にある /o/ が /ue/ と変化するものは，それを hue- に書替えなければならない：oler（嗅ぐ）> huelo［現在 1 人称単数］/ huela［接続法現在 1 人称単数］.

11. アクセント記号

11.1. アクセント記号とその使用原則

スペイン語で用いられるアクセント記号(acento gráfico, acento ortográfico, tilde)は1種類のみで, 鋭アクセント(acento agudo)と呼ばれる記号 (´) である. 強勢のある音節の核部主母音の上に付けられる:país (国), difícil (難しい), número (数). アクセント記号は語アクセントを示すもので, 一つの単語で1カ所に限られる. アクセント記号の付く語はかならず強勢語であるが, 強勢語すべてに記号が付くわけではない. アクセント記号は語の正書法の一部なので, 必要な場合はかならず付けなければならない. 現代スペイン語の正書法は経済性の原則を重視し, アクセント記号を付けるのは必要最小限に留めようとする方向に改革が進められてきた. 記号を付けるのは一般的なアクセントのパターンに当てはまらない場合に限られる. ただし, 同音異義語または品詞の区別を示すためにアクセント記号を付ける場合もある. 例えば, dé (<動詞 dar 与える) / de [前置詞], qué [疑問代名詞] / que [関係代名詞]. いずれも単音節語なので, アクセント位置を示す必要はないが, 品詞を区別するために強勢語のほうに記号を付ける. これを識別的アクセント記号と言う.

アクセント記号を付与する一般規則は次のとおりである (cf. RAE, 2010: 231-232).

1) 一つの音節から成る単音節語(palabra monosílaba)には, 識別的アクセント記号を除いてアクセント記号が付くことはない:ya (もう), fe (信仰), no (いいえ), bien (よく), mes ([暦の]月), miel (蜜)

したがって, アクセント記号が付くのは原則として2音節以上の多音節語(palabra polisílaba)に限られる.

2) 末尾音節強勢語は, 語末が子音字 n もしくは s または母音字で終わる場合のみアクセント記号を付ける:canción (歌), demás (その他の),

— 119 —

発音・文字

sofá（ソファー），café（コーヒー），jabalí（イノシシ），dominó（ドミノ），
bambú（竹）．また，語末にある y は子音字と同じ扱いになる．

一般に n および s 以外の子音字で終わる語（閉音節で終わる語）は末尾音
節強勢語であることが多い：papel（紙），color（色），ciudad（都市），arroz（米），
reloj（時計），bistec（ビフテキ）．語末に子音字が連続する場合も同様である：
minigolf（ミニゴルフ），mamuts（マンモスたち），kibutz（キブツ）．そこで，
このパターンに合わない語には2）の規則によりアクセント記号を付けるこ
とになっている．また，語末にある（母音＋）y は末尾音節強勢語であるこ
とを表示する手段である：convoy（護送），maguey（リュウゼツラン）．

　3）末尾第2音節強勢語は，語末が n または s 以外の子音字で終わる場合
　　のみアクセント記号を付ける：árbol（木），ámbar（琥珀），huésped（泊
　　まり客），lápiz（鉛筆），fénix（不死鳥）．語末に二つ以上の子音字が連
　　続する場合も同様である：cíborg（サイボーグ），bíceps（二頭筋），
　　récord（記録）．また，語末にある y は子音と同じ扱いを受ける：póney（ポ
　　ニー），yóquey（騎手）

一般に母音字で終わる語（開音節で終わる語）および子音字 n または s で
終わる語は末尾第2音節強勢語であることが多い：mesa（テーブル），lente
（レンズ），taxi（タクシー），tiempo（時間），tribu（部族），noticia（知らせ）；
orden（順序），lunes（月曜日）．それゆえ，このパターンに合わない語には3）
の規則によりアクセント記号を付けることになる．

　4）末尾第3音節強勢語および末尾第4音節強勢語にはかならずアクセン
　　ト記号を付ける：música（音楽），pájaro（小鳥），análisis（分析）；
　　dígamelo（私にそれを言って下さい），reiterándoselo（彼にそれを繰り返
　　し言いながら）

多音節語で，二重母音または三重母音を含む音節にアクセント記号を付け
る必要がある場合，アクセント記号はその音節の主母音の上に付けられる：
acción（行動），asiático（アジアの），cáustico（腐食性の），cambiáis（＜
cambiar 変える），continuéis（＜ continuar 続ける）．

文字 h は，アクセント記号を付ける際にはその存在がまったく無視され，
ないも同然として扱われる：búho（フクロウ），（prohibir 禁じる ＞）prohíbo．
これらの例はいずれも母音接続（úo, ío）を含むので，アクセント記号が必要
である．

— 120 —

11. アクセント記号

＜参考19＞　アクセント記号の歴史
　ギリシャ語はヘレニズム時代から3種類のアクセント記号を使用していたが，ラテン語は一切アクセント記号を用いなかった．ロマンス諸語で最初にアクセント記号の使用を始めたのは15世紀末〜16世紀初めのイタリア語であると言われる（RAE, 2010: 214）．中世スペイン語はアクセント記号を用いなかったが，16世紀後半の印刷本で使用され始め，17世紀には一般化するようになった．18世紀アカデミアの一連の正書法改革でアクセント記号の用法が明確に定められた．当初は鋭アクセント（´），重アクセント（acento grave）（`）および曲アクセント（acento circunflejo）（ˆ）の3種類が用いられたが，後の二つは使用がかなり限られており，やがて廃止された．その結果，スペイン語では鋭アクセント記号のみが残り，現在に至っている．

11.2.　識別的アクセント記号

　識別的アクセント記号（acento o tilde diacrítico）とは，アクセント記号付与の一般規則から見れば必要がないにもかかわらず付けられるもので，同音で意味の異なる語を区別する役割を果たす．識別的アクセント記号の付く語はかならず強勢語であるのに対し，これと対立するアクセント記号の付かない同音形式は原則として無強勢語であるが，例外的に強勢語の場合もある．アクセント記号の付く語は名詞のような内容語の場合と文法的な機能語の場合があるのに対し，これと対立するアクセント記号の付かない同音語は少数の例外を除いて機能語に限られる．また，その大部分は単音節語であるが，少数の2音節語もある．識別的アクセント記号の付く語は正書法の規則で定められており，以下の三つの場合に分けることができる．

— 121 —

発音・文字

11.2.1. 単音節の同音異義語を区別する場合

　この場合に該当し，識別的アクセント記号の付くものは次の10語であり，アクセント記号の付かない語と対立する.

アクセント記号の付く語		アクセント記号の付かない語	
dé	[動詞 dar の接続法現在 1・3 人称単数]	de (1)	[前置詞]（の，から）
		de (2)	[名詞]（デ（d の文字名））
él	[人称代名詞 3 人称男性単数]	el	[定冠詞男性単数]
más	[形容詞・副詞 mucho の比較級]，[名詞]（プラス）	mas	[接続詞]（しかし）
mí	[人称代名詞 1 人称単数強勢形]	mi (1)	[所有詞 1 人称単数]
		mi (2)	[名詞]（ミ（音階））
sé (1)	[動詞 ser の命令法 2 人称単数]	se (1)	[人称代名詞 3 人称単数与格]
sé (2)	[動詞 saber の直説法現在 1 人称単数]	se (2)	[再帰代名詞無強勢形]
sí (1)	[再帰代名詞強勢形]	si (1)	[接続詞]（もしも）
sí (2)	[副詞・名詞]（はい，賛成）	si (2)*	[名詞]（シ（音階））
té	[名詞]（茶）	te (1)	[人称代名詞 2 人称単数無強勢形]
		te (2)*	[名詞]（テ（t の文字名））
tú	[人称代名詞 2 人称単数]	tu	[所有詞 2 人称単数]

＊識別的アクセント記号の付かない語の中で名詞の si (2) および te (2) は強勢語である.

　なお，識別的アクセント記号の付く語は正書法で限定的に定められており，同様な事例のすべてに区別がなされるわけではない. 次の同音語の例では，前が強勢語，後ろが無強勢語であるが，アクセント記号による区別はない：don（才能）/ don［男性の敬称］, la（［音階の］ラ）/ la［女性定冠詞］, sobre（封筒）/ sobre［前置詞］.

11.2.2. 機能語の品詞を区別する場合

　疑問詞には識別的アクセント記号を付けなければならない. しかし，同音語が疑問詞以外の品詞，つまり関係詞，前置詞，接続詞などとして用いられる場合には付けない.

— 122 —

11. アクセント記号

1）疑問詞：qué（何），cuál（どれ），quién（だれ），cuánto（いくら），cuán（どれくらい），cómo（どのように），cuándo（いつ），dónde（どこに），adónde（どこへ）

2）疑問詞以外：que, cual, quien, cuanto, cuan, como, cuando, donde, adonde

これらの語の中には語形変化をするものもあるが，疑問詞の場合は一貫してアクセント記号が付く：cuáles, quiénes, cuánta, cuántos, cuántas.

疑問詞は疑問文のほか，感嘆文でも用いられる：¿De *qué* hablaste con ellos?（君は彼らとなにを話したの）/ ¡*Qué* frío hace aquí!（ここはなんて寒いんだ）（原文は RAE, 2005, Diccionario del estudiante, 以下 DE と略記）．また，直接疑問文のほか間接疑問節でも用いられるが，いずれにしても疑問詞にはアクセント記号が付く：Me preguntó en *qué* ciudad vivía.（彼はどこの町に住んでいるのかと私に聞いた）（DE）．

これに対し，関係詞にはアクセント記号を付けないが，実際の発音上も無強勢語である：Tiene deudas *que* no puede pagar.（彼は払えないほどの借金を負っている）/ Pasea por *donde* no haya peligro.（彼は危険のないような場所を散歩する）（DE）．ただし，例外的に「定冠詞 + cual」の形式は cual に強勢がある：Perdió unos libros sin *los cuales* no podía trabajar.（彼はそれがないと仕事ができないような数冊の本をなくした）（DE）．

これらの形式は関係詞のほか，接続詞や前置詞として用いられる場合もあるが，やはり無強勢であり，アクセント記号は付かない：*Cuando* llegues, llámame.（着いたら電話してよ）/ Viajó a la India *cuando* el terremoto.（地震があったころ，彼はインドに旅行に行った）/ Como llovía, decidimos no ir.（雨が降っていたので私たちは行かないことに決めた）/ Declaró como testigo en el juicio.（彼は裁判で証人として証言した）（DE）．これらの語が不定代名詞として用いられる場合は強勢語となるが，実際の強勢の有無にかかわらずアクセント記号は付かない：Sabía sacar lo mejor de cada *cual*.（彼はそれぞれの人の一番良いものを引き出すすべを知っていた）（DE）．

同じような文脈でも疑問詞か関係詞かアクセント記号の有無によって表記され，意味が分かれる場合もある：Se ha olvidado de quién la cuidó toda su infancia.（子どもの頃ずっとだれが彼女の世話をしたのかは忘れられてしまった）/ Se ha olvidado de quien la cuidó toda su infancia.（子どもの頃ずっと

発音・文字

彼女の世話をした人は忘れられてしまった）(RAE, 2010)．その一方，明示的先行詞のない関係節の中には疑問詞に置き換えることが可能で，意味の相違が生じない例も存在する：Ya tengo quien / quién me acompañe.（私にはすでに同行してくれそうな人がいる）(RAE, 2010)．

11.2.3. 同一語で強勢形・無強勢形を区別する場合

副詞 aún / aun は語源的に同じ語でありながら識別的アクセント記号の付く強勢形と付かない無強勢形の区別がある．強勢形は母音接続を含む2音節語 [a.'un] として発音されるのに対し，無強勢形は二重母音を含む単音節語 [au̯n] として発音される．両者は意味が異なり，aún は「まだ (todavía)」の意味である：Aún no se ha despertado.（まだ彼は目覚めていない）/ El socavón se ha hecho aún más grande.（陥没はなおさらに大きくなった）(DE)．これに対し，aun は「…さえ (hasta, incluso)，たとえ…でも (aunque)」の意味である：Salen a pasear, aun con el mal tiempo.（天気が悪くても彼らは散歩に出かける）/ Aun así siguió insistiendo.（それでもなお彼は主張し続けた）(DE)．

＜参考20＞　アクセント記号が廃止された語

アカデミア正書法でアクセント付与の規則が定められた18世紀以降，今日までの流れを概観すると，全般的にアクセント記号の使用を必要最小限に制限しようとする傾向が見られ，特に近年はそれが著しい．かつては中性を除く指示代名詞 éste, ése, aquél は指示形容詞の場合と区別してかならず識別的アクセント記号を付けていたが，次第に使用が縮小され，1999年の正書法では代名詞か形容詞か曖昧さが生じる場合に限り代名詞にアクセント記号を付けることになった．同様に，solo もかつては形容詞の場合「唯一の」と区別して副詞の場合「ただ，…だけ」には sólo とアクセント記号を付けていたが，1999年正書法では形容詞か副詞か曖昧さが生じる場合に限り副詞にアクセント記号を付けることになった．しかし，2010年正書法では以上どちらの場合も曖昧さの有無にかかわらずすべてアクセント記号は廃止された．この改正により同じ強勢語でありながらアクセント記号の有無によって品詞を区別する例はいっさいなくなった．

もう一つ廃止されたのは単音節と見なされる語の通常のアクセント記号に関するものである．1999年正書法では hui(< huir 逃げる), guion(ハイフン),

11. アクセント記号

riais（< reír 笑う）など一連の語は二重母音を含む単音節語であるからアクセント記号は不要であるが，これらを母音接続と感じる人もいるのでアクセント記号を付けてもよいとしていた：huí, guión, riáis. その場合，例えば huí は [u.'i] のように 2 音節語として扱われることになる．しかし，2000 年正書法ではこれらのアクセント記号を一律に廃止した．ところが，現実には地域によりまた個人によりこれらを母音接続と認識している話者もいるので，かなりの反発が起きた．このような認識の差がある上に，正書法は長年慣れ親しんだ視覚イメージでもあるから，改変すればどうしても当初違和感が生じることは避けられない．以上の改正が一般社会に完全に受け入れられるにはまだ時間がかかりそうである．

12. 正書法記号

12.1. 正書法記号の種類

文字と数字以外で正書法に用いられる記号を正書法記号（signos ortográficos）と言う．RAE（2010）は正書法記号を次の3種類に分けている．
1）識別記号（signos diacríticos）：文字に付加されるもの．
2）句読記号（signos de puntuación）：談話の単位を区切り，テキストの正しい解釈を助けるもの．
3）補助記号（signos auxiliares）：上の2種類以外のもので，正書法上で周辺的な機能を果たすもの．
以下，この順に3種類の記号について取り上げる．

12.2. 識別記号

文字に付加される識別記号としてはアクセント記号（tilde, acento gráfico）と分音符（diéresis, crema）の2種類がある．どちらも母音字の上に付けられる．
1）アクセント記号（´）：語アクセントを示すためおよび識別的アクセント記号として用いられる．これについては前節ですでに取り上げた．
2）分音符（¨）：子音字 g の後の母音字 u の上に付加され，この母音字が二重文字 gu の一部ではなく，独自の音価を持つことを示す：güero（ブロンドの），pingüino（ペンギン）
特殊な場合としては，韻文で韻律の配分上，ある母音連続がそれぞれ別の音節に属すること，つまり臨時的に母音接続として扱われることを示すのに分音符が用いられる．この場合，記号が付く母音字は u に限らない：de su eterna viüdez（その永遠の未亡人暮しの）（RAE, 2010 < Campoamor）.

— 126 —

12.3. 句読記号

12.3.1. 句読記号の種類

スペイン語正書法で用いられる句読記号には，ピリオド（punto），コンマ（coma），セミコロン（punto y coma），コロン（dos puntos），丸括弧（paréntesis），角括弧（corchetes），ダッシュ（raya），引用符（comillas），疑問符（signos de interrogación），感嘆符（signos de exclamación）および中断符（puntos suspensivos）の 11 種類がある．この中，丸括弧，角括弧，引用符，疑問符および感嘆符は通常二つ対で用いられるので二重記号（signos dobles）と呼ばれる．これら以外は単一記号（signos simples）ということになる．

12.3.2. 終止符

終止符（．）はピリオドとも呼ばれる．もっとも重要な役割は文の終末を示すことである：«Hay que aclarar una cosa poco clara.»（あまり明らかでないことを明らかにしなければならない）．また，略号では省略を示すために用いられる：（usted あなた >）«Ud.»，（Estados Unidos アメリカ合衆国 >）«EE. UU.» この用法のピリオドは省略符（punto abreviativo）とも呼ばれる．非言語学的な用法としては数字で 3 桁ごとの位取りを示すために用いられる：«5.341.569».

12.3.3. コンマ

コンマ（，）は文の途中の区切りを示す記号である．したがって，文より下位の統語単位，つまり節や句，時には語の区切りを示す：A menudo, mi familia me ayudaba, especialmente cuando no me sentía bien.（しばしば家族が，特に具合がわるいと感じた時には私を助けてくれた）．コンマがあると，発話上では休止が入ることが多いが，かならずそうなるとは限らないし，逆に休止が入ると，かならずコンマが付けられるわけではない．統語単位の境界と音調上の必要から来る休止は必ずしも一致しないからである．

コンマはほぼ義務的に入る場合もあるが，書き手の意図によって選択の余地のある場合もかなりある：Íbamos a ir juntos al cine, pero(,) al final(,) no nos pusimos de acuerdo.（RAE, 2010: 304）（私たちは一緒に映画に行こうとしたんだけれど，結局意見が合わなかった）．そういう点では句読点の中で

— 127 —

発音・文字

もっとも使用上の変異が多いと言える.

一般にコンマが入るのは次のような場合である.

1）挿入句の前後：

Por ahora, según se dio a conocer, ya está construido el 70 % de todo el edificio.（現在，発表されているところでは，建物全体の70%がすでに完成している）

2）説明的関係節の前，それが文中にあるときはその前後：

El artista, que tenía 64 años y luchaba desde hace años contra el cáncer, falleció hoy.（その芸術家は64歳であったが,数年前からガンと闘い,今日亡くなった）

3）間投詞の後，それが文中にあるときはその前後：

¡Ay, por Dios!（ああ神様）

4）呼びかけの後，それが文中にあるときはその前後：

Mañana, hijo mío, todo será distinto.

（息子よ，明日になればすべては変わるだろう）

5）接続詞的な副詞句の後，それが文中にあるときはその前後：

Sin embargo, la cultura no debe servir de excusa al soborno o a la obtención de favores.（しかしながら，文化というものは贈賄や恩恵獲得の口実に使うべきではない）

6）文副詞またはそれに相当する副詞句の後：

Francamente, ningún país habría estado dispuesto a tolerar esas circunstancias.（率直に言えば，どんな国でもそのような状況に耐えられそうにはなかっただろう）

7）文頭にある主題を示す副詞句の後：

En cuanto a la investigación de células madre, adopto una postura reservada y cautelosa.

（母細胞の研究に関しては，私は留保的で慎重な立場を取る）

8）文頭にある状況設定的な副詞句の後：

En aquel pueblo de Extremadura, la guerra civil no dejó pocos supervivientes.（エストレマドゥーラのその町では，内戦でほとんど生存者が残らなかった）

9）主節に先行する副詞節の後：

— 128 —

12. 正書法記号

Si bien el aeropuerto está operativo, hay vuelos demorados por el clima. (空港は機能しているが，天候により遅延する航空便がある)

10) 主節に先行する現在分詞または過去分詞の分詞構文の後:

Una vez acabada la carrera, estuve trabajando en una multinacional informática. (いったん大学を出ると，私はコンピューター関連の多国籍企業で働いていた)

11) 付加疑問の前: Estás contento, ¿verdad? (君は満足しているよね)

12) 等位構造で項目が列挙される場合，接続詞のない並置のときは各項目の末尾に:

Los niños corren, saltan, brincan, patean.

(子どもたちは走り，飛び跳ね，蹴飛ばしている)

しかし，接続詞があるときは接続詞の直前の項目にはコンマが入らない: Los niños corren, saltan, brincan y patean. (同上)

13) 先行する節と同じ動詞が省略される場合，その位置に:

Mi hermana vive en Madrid; yo, en Sevilla.

(姉はマドリードに住んでいるが，私はセビーリャだ)

12.3.4. セミコロン

セミコロン (;) はピリオドよりは下位で，コンマよりは上位の区切りを示す記号である．通常，文に相当するような発話の境界を示す役割を果たす．よく用いられるのは，二つ以上の節を接続詞なしで並置するような場合で，先行する節の後に付ける．

Me siento cansada; me quedaré en casa.

(私は疲れている．だから家に残ろう)

セミコロンによってこれらの節が完全に独立した文ではなく，等位構造にほぼ等しい結合をしていることが示される．

セミコロンの次に来る節は小文字で始めるが，学術的な文献で独立した文例を列挙するような場合は大文字で始める．

Su naturaleza verbal explica que pueda ser modificado por adjuntos temporales: Hoy hace dos días que llegó; Mañana hará un año de su

— 129 —

発音・文字

boda.（RAE, 2010: 464）（その［hacer 構文の］動詞的性質によってそれが時の付加語で修飾可能なことが説明できる：彼が到着して今日で 1 年になる，明日で彼らの結婚式の 1 周年になる）

12.3.5. コロン

コロン（:）もセミコロンと同じくピリオドよりは下位で，コンマよりは上位の区切りを示す記号であるが，その基本的な役割は，前の節の内容を補足する事柄が後に続くことを予告することにある．このため，コロンは説明や言い換え，例示，引用を導入するために前の節の末尾に付けられる．コロンの後には語句または節が来る．

En la España musulmana convivieron dos lenguas: el árabe, que era la lengua oficial, y el latín, la lengua hablada por los vencidos.
（イスラム・スペインでは 2 言語が共存した．公用語であったアラビア語と被征服民によって話された言語，ラテン語である）

Sócrates dijo: «Solo sé que no sé nada.».（「私は何も知らないということを知っている」とソクラテスは言った）

また，手紙や公文書では宛名書きの後にコロンが付けられ，その後で改行する：

Estimado señor:
Le agradecería que me enviase el catálogo de publicaciones…
（拝啓 / …出版物のカタログをお送りいただければありがたく存じます）

コロンの後に来る語句や節は小文字で始めるのが普通である．しかし，コロンの後に独立した文を提示するような場合は大文字で始める．

12.3.6. 丸括弧および角括弧

丸括弧（ ）が用いられるのは主に次のような場合である．
1）挿入句を示す：

Basta un poco de cordialidad entre los interlocutores para que las

— 130 —

12. 正書法記号

diferencias de habla entre países (o entre regiones de un país, o entre estratos socioculturales de una ciudad) sean más estímulo que estorbo para el diálogo. (A. Alatorre, *Los 1001 años de la lengua española*)
（国々の間の［または国内の地方間もしくは都市内の社会文化的階層間の］方言の違いが対話の妨げというより刺激になるようにするためには対話者の間に少しだけ誠意があれば十分である）

2）固有名・事件・略語などの補足説明を示す：

Guanajuato (México) / UE (Unión Europea) / Guerra Civil Española (1936-1939)

3）戯曲ではト書きを示す：

(Cogiendo un retrato que descansa sobre el piano.) ¿Y esta es tu madre?（［ピアノの上にある肖像写真をつかみながら］これって君のお母さんかい）

4）どちらでも選択可能な部分を示す：

convocatoria para secretario(a)（男・女事務員募集）

この場合，スラッシュ（/）を用いることもある：secretario/a

5）箇条書きの番号・記号などを囲うか，または閉じる括弧だけで示す：

(1), (2), (3) / a), b), c)

一方，角括弧［ ］が用いられる主な場合は次のとおりである．

1）注釈または原文についての補足を示す：

cum laude [con alabanza]（成績優等の）/ Dijo [Pilatos] a los judíos: —Yo no encuentro culpa alguna en este hombre.—（彼［ピラート］はユダヤ人たちに言った．「私はこの男に何の罪も見つけられない．」）

2）省略された部分を示す：el A[nno] D[omini] de 711（西暦711年）

3）音声表記を示す：gente ['xente]

角括弧または丸括弧に中断符を入れる用法については後述する．

12.3.7. ダッシュ

ダッシュ（—）は通常次のような場合に用いられる．1）以外は日本語であまり見られない用法である．

1）挿入句を示す．この場合は，その前後にダッシュを付ける．

— 131 —

発音・文字

Los intentos de unificación política y cultural —la romanización, por ejemplo— no llegan a modificar sustancialmente las diversidades de fondo.（［イベリア半島の］政治的・文化的な統一を図ろうとする試み―例えばローマ化―は根底にある多様性を実質的に変えるには至らなかった）

2）対話文で話者の交代を示すため，発言の先頭に付けられる．

—Hola.（こんにちは）

—Hola, Maribel. Pasa, pasa por aquí.

（やあ，マリベル．入って，こっちへ入って）

—¿Qué hacías? He llamado dos veces.

（何をしてたの．2回も呼び鈴を押したのよ）

脚本その他で対話者の名前が示される場合は，名前の後にダッシュ付きの文が置かれる．

Adriana. —¿A dónde vas?（アドリアナ「どこへ行くの．」）

Ramón. —A la oficina.（ラモン「会社だよ．」）

Adriana. —No te lo he dicho todo.（アドリアナ「まだ全部言い終わってないわ．」）

Ramón. —¿Hay algo más?（ラモン「まだ何かあるのかい．」）

Adriana. —Sí. Acércate. Dame tu mano. (Lo lleva frente a la terraza.) ¿Qué ves?（アドリアナ「ええ，こっちへ来て．手を出してちょうだい．」（テラスの前に連れて行く）「何が見える？」）

(Claudio de la Torre, *La caña de pescar*, 1958)

3）引用符で囲われた引用文の途中に発言者を示す注釈を挟む場合は，その前後にダッシュを付ける．

«Democratizar el crédito —señaló el Presidente Lula— es un acto de ciudadanía».（「信用供与を民主化することは市民権の実践である」とルラ大統領は指摘した）

しかし，引用文の後にそれを示す場合は，ダッシュではなくコンマが用いられる．

«Democratizar el crédito es un acto de ciudadanía», señaló el Presidente Lula.

4）箇条書きで項目を列挙する場合，番号・記号を付けずに各項目の先頭

にダッシュを付けることがある.

> La oración se puede clasificar según la actitud del hablante en:
> （文は話者の態度によって次のように分類できる）
> —enunciativas（平叙文）
> —exhortativas（命令文）
> —desiderativas（願望文）
> —dubitativas（疑惑文）
> —interrogativas（疑問文）
> —exclamativas（感嘆文）

12.3.8. 引用符

　スペイン語で一般に使用される引用符には，フレンチダブルクォート（ラテン式，comillas latinas o españolas: « »），ダブルクォート（英語式，comillas inglesas: " "），シングルクォート（comillas simples: ' '）の3種類がある．スペイン語でもっとも普通なのはフレンチダブルクォートであるが，最近では英語式のダブルクォートも使われる．引用符は引用部分を囲って示すために用いられる．しかし，対話文では前記のダッシュが発言の先頭に付けられるのが普通なので，引用符を用いることはあまりない．引用符で囲った中にさらに引用部分を示したい場合はシングルクォートが用いられる.

　引用符は引用を示すほかに次のよう場合にも用いられる.

　1）外国語や俗語など特定の語句に注意を喚起するため:

> El G7 considera el «Brexit» un riesgo para el crecimiento global.
> （G7 は「ブレグジット（英国の EU 離脱）」が世界の経済成長にとって脅威だと考える）

　2）説明したい語句を例示するため:

> La palabra «narco» es un acortamiento de «narcotraficante».
> （"narco" という語は "narcotraficante" の短縮語である）

　3）論文，記事，本の中の章・節の題目，時には書名を表すため:

> El artículo se titula «Deberes, ¿rutina necesaria o condena?».
> （その新聞記事は「宿題は必要な決まりごとか，それとも罰なのか」と題されている）

　ただし，学術書・論文の作法では，論文名は引用符に入れ，書名・雑誌名

発音・文字

はイタリック体にするのが慣習である：

Lapesa, Rafael (1961), «Del demostrativo al artículo», *Nueva Revista de Filología Hispánica*, XV.

（「指示詞から冠詞へ」『新スペイン語文献学雑誌』15）

12.3.9.　疑問符および感嘆符

　スペイン語の疑問符（¿ ?）と感嘆符（¡ !）は，それぞれ疑問文と感嘆文の前後に付けられる二重記号である．文の前にも付けるのは，欧米でもスペイン語だけに見られる独特の慣習である．この方式は18世紀半ばにアカデミアが定めたものであるが，定着するまでにはかなりの年月を要した．かならず文の前後に付けなければならないが，疑問符は文の一部だけに付くこともある．それは文の途中から質問に移行する場合で，その部分だけが疑問符で囲われる．代表的な事例は，呼びかけや主題的要素の後の質問部分，付加疑問の前後などである：

> Carlos, ¿me dejas tu boli?（カルロス，ボールペンを貸してくれる？）
> En cuanto a este punto, ¿qué opinas?
> （この点に関しては，君の意見はどうかね）
> Te gusta esa canción, ¿verdad?（その歌は好きなんでしょう？）

　珍しい場合としては，感嘆と疑問の法性が入り混じった文を示したいとき，くだけたスタイルでは感嘆符と疑問符を文頭と文末で対応させたり，両方を同時に付けることがある：

> ¡Por qué te vas? / ¡¿Por qué te vas?!（どうして帰っちゃうの）

12.3.10.　中断符

　中断符（puntos suspensivos）またはリーダーは，ピリオドを三つ打ったものが基本形である（...）．日本語では三点リーダーとも呼ばれる．発話の休止や中断，沈黙を表すために用いられる．

> Solo quería preguntarte si... —Ya sé que me quieres preguntar —lo interrumpió—.（「一つだけ君に聞きたいのは…」「聞きたいことはわ

— 134 —

12. 正書法記号

かっているよ」と彼はさえぎった)

　中断付は引用文の中で角括弧 [...] または丸括弧 (...) に入れて省略部分を示すためにも用いられる.

> El Colón Almirante que muere en Valladolid en 1506 es, […], el mismo Colombo, lanero de Génova, que figura en los documentos de 1470 a 1479, […] (R. Menéndez Pidal, *La lengua de Cristóbal Colón*, 1942) (1506 年にバリャドリードで亡くなった提督コロンブスは［中略］1470 ～ 1479 年の文書に現れるジェノアの毛織物商人コロンボその人である［下略］.)

12.4. 補助記号

正書法に関連する一般的な補助記号としては次のようなものがある.

ハイフン（guion）:	-
アンダースコア（guion bajo）:	_
スラッシュ，斜線（barra）:	/
ダブルスラッシュ（barra doble）:	//
バックスラッシュ，逆斜線（barra inversa）:	\
縦線（barra vertical, pleca）:		
双柱（doble barra vertical, pleca doble）:	‖
不等号（antilambda, diple）:	< >
波括弧，ブレース（llave）:	{ }
アポストロフィ（apóstrofo）:	'
アスタリスク，星印（asterisco）:	*
矢印（flecha）:	→ ← ↑ ↓
段落記号，パラグラフ（calderón）:	¶
節記号，セクション（signo de párrafo）	§

　これらの記号は, 英語あるいは日本語の横書きにおける用法とほぼ同じで, スペイン語独特の用法はあまり見られないので説明は省略する. ただし, 英

— 135 —

発音・文字

語と異なる場合として1点だけアポストロフィーについて取り上げる.

　アポストロフィーは母音などの省略を示す記号であるが，現代スペイン語ではほとんど用いられない．英語では西暦の初めの2桁の省略を示すためや略号の複数形を示すためにも用いるが，スペイン語では同じような用法は避けるべきだとされている(RAE, 2005: 58)．例えば，Barcelona '92 は Barcelona 92，los DVD's は los DVD とするのがよいとされる．なお，英語では同じく apostrophe と言うが，スペイン語では apóstrofo（アポストロフィー）と apóstrofe（修辞学の頓呼法）は別の語である.

— 136 —

13. 大文字と小文字

13.1. 大文字と小文字の区別

　ラテン文字は，古典ラテン語の時代には大文字しかなかったが，2世紀以降手早く筆記するのに適した小文字の起源となる書体が使われるようになった．大文字（mayúscula）と小文字（minúscula）を区別して併用することは8〜9世紀フランク王国のカロンリング・ルネッサンスの時代に始まるが，これが完全に定着するのは15世紀印刷術が普及する時代になってからである．以降，一定の場合にのみ大文字を使用し，それ以外は小文字で書くという慣習が確立するようになった.

13.2. 大文字の使用

13.2.1. 語頭を大文字にする場合
　大文字を使用する際には，語頭の1文字だけを大文字にする場合と語全体を大文字にする場合がある．スペイン語で語の頭字を大文字で書くのは次の3つの場合である.
　A. 文頭の語
　文の先頭にある語は頭字を大文字とする：Se escriben con mayúscula inicial los nombres propios.（固有名詞は先頭を大文字で書く）
　B. 特定の事物を指す固有名
　固有名詞（sustantivo propio）よりも広い概念として固有名（denominación propia）という用語を用いることにする．固有名詞は普通名詞と対立する語の分類を表すのに対して，固有名は固有名詞または普通名詞を主要部として構成される名詞句で，特定の事物に名付けられた名称を指す．一つの固有名詞が固有名を構成している場合も含まれる．固有名には具体的に次ようなものが属する.

— 137 —

発音・文字

1）地名，国名，地理的名称：Asia（アジア），la Antártida（南極大陸），Japón（日本），Estados Unidos（アメリカ合衆国），República Dominicana（ドミニカ共和国），Ciudad del Vaticano（ヴァチカン市国），(la cordillera de) los Andes（アンデス山脈），el (río) Amazonas（アマゾン川）

2）人名，異名，筆名，宗教・神話上の存在，天体：Antonio［男性名］，Marta［女性名］，García［姓］，Isabel la Católica（イサベル・カトリック女王），Azorín［作家の筆名］，el Buda（ブッダ），la Virgen de Guadalupe（グアダルーペの聖母），Mercurio（メルクリウス，水星），Orión（オリオン）

3）肩書，役職名：el Presidente（大統領，［スペインの］首相），el Ministro de Hacienda（財務大臣），la Directora de Colegio（小学校長［女性］）

4）機関，組織，部門，団体の名称：Real Academia Española（王立学士院），Universidad Complutense de Madrid（マドリード・コンプルテンセ大学），Comité Olímpico Internacional（国際オリンピック委員会），la Facultad de Medicina（医学部），Real Madrid（レアル・マドリード［サッカークラブ］）

5）道路，施設，建造物，記念物の名称：Carretera Panamericana（パンアメリカン・ハイウェイ），Gran Vía（グラン・ビーア［マドリードの通り］），la Casa Blanca（ホワイトハウス），Museo Nacional de Antropología（国立人類学博物館），Templo Expiatorio de la Sagrada Familia（聖家族教会），Estatua de la Libertad（自由の女神像）

6）作品，書籍，新聞雑誌，文書，法令の名称：Fábulas de Esopo（イソップ物語），la Biblia（聖書），La Jornada［メキシコの新聞名］，Declaración de Potsdam（ポツダム宣言），Constitución Española（スペイン憲法）

7）時代，歴史的事件，祝祭日，行事，事業の名称：la Edad Media（中世），el Siglo de Oro（黄金世紀），el Jurásico（ジュラ紀），la Gran Depresión（大恐慌），la Segunda Guerra Mundial（第 2 次世界大戦），el Día de los Todos Santos（諸聖人の祝日）

8）商標名：Apple, Toyota, Visa, Coca Cola, Seat

スペイン語では英語と異なり，地名・人名から派生した形容詞・名詞，言語名，月名，曜日名は大文字としない：madrileño（マドリードの），cervantino（セルバンテスの），japonés（日本の），el Imperio romano（ローマ

— 138 —

13. 大文字と小文字

帝国），diciembre（12 月），lunes（月曜日）．

　固有名は，山，川，海などの地理用語または都市，施設など種属を表す普通名詞に同格の固有名詞が付随して構成される場合もある．この場合，普通名詞が単に種属を表す役割をしているときは定冠詞付きで小文字で書かれる：el océano Pacífico（太平洋），el mar Mediterráneo（地中海），el río Orinoco（オリノコ川），el monte Cervino（マッターホルン）．しかし，普通名詞が固有名の一部と見なされるときは定冠詞が省かれ，大文字となる：Océano Atlántico（大西洋），Mar Negro（黒海），Monte Fuji（富士山）．

　固有名に定冠詞，前置詞または接続詞が含まれる場合，それらは小文字で書かれる：Ciudad de México（メキシコ市），Museo Nacional del Prado（国立プラド美術館），José Ortega y Gasset［人名］．しかし，定冠詞や前置詞が完全に固有名の一部を構成しているような場合は大文字で書かれる：Marqués de Del Bosque（デル・ボスケ侯爵），Padre Las Casas（ラス・カサス神父），Monte de El Pardo［マドリード郊外の地名］，El Salvador（エル・サルバドル），El Cairo（カイロ），La Haya（ハーグ），La Habana（ハバナ），Los Ángeles（ロサンゼルス），Las Vegas（ラスベガス）．

C. 略号および科学的記号

　敬称，方位などの略号および元素などの科学的記号は語頭を大文字で書く：Sr., Sra., Ud., N（norte 北），H（hidrógeno 水素），CO（monóxido de carbono 一酸化炭素）．

13.2.2. 語全体を大文字にする場合

他方，語全体を大文字で書くのは次のような場合である．

1 ）頭字語：ONU（Organización de las Naciones Unidas 国連），PSOE（Partido Socialista Obrero Español スペイン労働社会党），BBVA（Banco Bilbao Vizcaya Argentaria ビルバオ・ビスカヤ・アルヘンタリア銀行），UNAM（Universidad Nacional Autónoma de México メキシコ国立自治大学），AND（ácido desoxirribonucleico, DNA）

2 ）ローマ数字：MCMXLI（1941），Alfonso X（アルフォンソ 10 世），IV Centenario de la muerte de Cervantes（セルバンテス没後 400 周年）

3 ）書籍・文書の表紙・扉に書かれる題名，書籍・文書の内部に書かれる章・節の題目：ORÍGENES DEL ESPAÑOL（スペイン語の起源），CIEN

— 139 —

発音・文字

AÑOS DE SOLEDAD（百年の孤独），LA ORTOGRAFÍA DEL ESPAÑOL
（スペイン語の正書法）

4）記念碑，看板の文章：A LA MEMORIA DE QUAUHTÉMOC [sic] Y
DE LOS GUERREROS QUE COMBATIERON HERÓICAMENTE EN
DEFENSA DE SU PATRIA（祖国を守るため英雄的に戦ったクアウテモ
クと戦士たちを記念して［メキシコ市クアウテモク記念碑の碑銘］），
HOTEL CALIFORNIA（ホテル・カリフォルニア），BAR
RESTAURANTE（バル・レストラン），HELADERÍA（アイスクリーム店）

5）注意書き，標識，ポスター，スローガン：NO FUMAR（禁煙），ALTO
（止まれ），PROHIBIDO ESTACIONAR（駐車禁止），ABIERTO（営業中），
USO EXCLUSIVO BOMBEROS（消防士専用［消火栓の注意書き］），
¡BASTA YA!（もうやめろ［テロ反対運動などのスローガン］）

14. 語の分かち書き

14.1. 分かち書きの習慣とその問題点

　語と語の間にスペースを置いて分かち書きする習慣はローマ字表記の場合を除いて日本語にはないが，ラテン文字を用いる言語でもそれほど古い歴史を有するわけではない．ラテン語は，初期の時代には書く際に点を付して語の境界を示すような例もあったが，紀元1世紀の帝政時代以降はギリシャ語の影響を受けて語の分かち書きをせず，句読点も付けない scriptio continua（連続書法）と呼ばれる書式が一般的であった．6～7世紀頃からラテン語を母語としないアイルランドや英国の修道院でラテン語の筆写に分かち書きと句読点を使用する習慣が始まり，次第に広がって行くが，欧州全体に普及するには長い年月を要した．それがようやく定着するのは印刷術が発明された15世紀以降のことである．

　分かち書きをするためには語の境界が明確に定まっていなければならないが，語と句の境界は常に分明なわけではない．その境界線上では1語として書いたり，分かち書きをしたり一定しない場合もある．また，文法上の語と正書法上の語の境界は必ずしも一致するわけではない．具体的に見ると，分かち書きに関して正書法上の問題が生じるのは次のような場合である：1）複合語および複合形式，2）-mente 副詞，3）接語代名詞，4）接頭辞，5）数詞．本章では1）～4）を取り上げ，5）は第18章で扱う．

14.2. 複合語および複合形式

14.2.1. 複合語

　複合（composición）とは二つ以上の語基が結合して文法的に1語を形成する過程である．その結果生じた新しい語を複合語（palabra compuesta, compuesto）と呼ぶ．正書法から見ると，複合語には次の3種類の表記形式

— 141 —

発音・文字

が存在する.

1）融合（fusión）—— 完全に1語として書かれるもの：

bocacalle（曲がり角），abrelatas（缶切り）

2）連合（unión）—— ハイフンで結合されるもの：

español-japonés（西和の），político-económico（政治・経済的な）

3）並置（yuxtaposición）—— 2語として書かれるもの：

llave tarjeta（カードキー），fútbol sala（フットサル）

最初の融合形式は正書法上完全に1語として扱われるもので，固有複合語（compuesto propio）または一語複合語（compuesto univerbal）と呼ばれるものである．次の連合形式は連辞的複合語（compuesto sintagmático）とも呼ばれる．最後の形式は，複数の語からなる句構造をとっており，統語的複合語（compuesto sintáctico）あるいは複数語複合語（compuesto pluriverbal）と呼ばれることもある．しかし，この形式は語と句の境界にあり，音韻的・形態的に見ると，語としての十分な要件が欠けている．語であれば，語内の構成要素が分離することはなく，複数語尾のような屈折接辞は語末に付くが，この形式では前の要素の末尾に接辞が付くのが普通である：llave tarjeta > llaves tarjeta, hora punta（ラッシュアワー）> horas punta. 語というより句と見なすべきなので，複合語の中には含めず，アカデミア（RAE, 2011）の用語「慣用句（locución）」を用いることにする．慣用句とは語彙化された語群である．

14.2.2. 融合形式と分離形式の交替

固有複合語と前記の慣用句の境界もはっきりと分かれているわけではなくやはり推移的であり，両者の間で揺れ動く変異を見せる語もある：guardia civil / guardiacivil（治安警備隊），arco iris / arcoíris（虹），medio ambiente / medioambiente（環境），en seguida / enseguida（すぐに），de prisa / deprisa（急いで）．便宜的に複合語と慣用句を合わせて複合形式（forma compuesta）と呼び，分かち書きされるものを分離形式（forma separada），1語として書くものを融合形式（forma fusionada）と呼ぶことにする.

融合形式と分離形式が交替を見せるものとしては他に次のような例がある：adónde / a dónde（どこへ），adonde / a donde［関係副詞］，aguanieve / agua nieve（みぞれ），altamar / alta mar（公海），bocabajo / boca abajo（うつぶせに），bocarriba / boca arriba（仰向けに），caradura / cara dura（恥知らず），

— 142 —

cubalibre / cuba libre（クバリーブレ［カクテル］），enhorabuena / en hora buena
（おめでとう），entretanto / entre tanto（その間に），malhumor / mal humor（不
機嫌），maleducado / mal educado（育ちの悪い），medialuna / media luna（半
月形），nomás / no más（ただ…だけ），pavorreal / pavo real（クジャク），
puercoespín / puerco espín（ヤマアラシ），talvez / tal vez（たぶん）．これらは
分離形式で表記されていても，音韻的には2語ではなく全体として1語のよ
うに発音され，強勢は後の構成素のみに置かれるのが普通である．一般に，
形成された当初は慣用句であったものも，慣用が進むにつれ固有複合語に変
わっていくことが多い．

　固有名詞の中にも複合形式をとるものがある．正書法上は上記の分離形式
で書かれるが，この場合も音韻的には前の構成素が固有の強勢を失い，1語
のようにまとまって発音されるのが普通である：María Teresa [mariate'resa]，
Juan José [xuanxo'se]，Buenos Aires [bueno'saires]，Costa Rica [kosta'rika]．

　構成素は同じであっても，融合形式の場合は複合語，分かち書きされる場
合は統語的な句となり，両者の意味が異なる場合もある．代表的な例は次の
ようなものである：conque（そこで）/ con que（それでもって）/ con qué（な
んで），contrarreloj（タイムトライアル）/ contra reloj（大急ぎで），demás（そ
の他の）/ de más（あまりにも），entorno（環境）/ en torno（周りに），
malentendido（誤解）/ mal entendido（よくわからない），pormenor（詳細）/
por menor（詳しく，細かく），porqué（理由）/ por qué（なぜ），porque（なぜ
なら）/ por que（…ということによって），porvenir（将来）/ por venir（来るべ
き），quehacer（用事）/ que hacer（するべき…），sinfín（無限）/ sin fin（終わ
りのない），sino（…だけ）/ si no（もし…でなければ），sinrazón（不正）/ sin
razón（理由もなく），sinsabor（不満）/ sin sabor（味のない），sinsentido（ば
かげたこと）/ sin sentido（無意味な），sinvergüenza（恥知らず）/ sin
vergüenza（恥ずかしがらずに），sobretodo（外套）/ sobre todo（とりわけ）．

14.3. -mente 副詞

　形容詞女性形に -mente が付加されると副詞が派生する．後の要素 -mente
は接尾辞とされるが，全体としてむしろ複合語と見なすべきであろう．正書
法上は1語として書かれるが，音韻的にも形態・統語的にも語と句の境界線

— 143 —

発音・文字

上にあるような特徴を示す．アクセントは２ヵ所にあるが，既述のとおり，後の -mente にあるものを第１アクセント，前の形容詞要素にあるものを第２アクセントと見なす説もある：gene*ral*mente（一般に），*prác*ticamente（実際上）．この形式が等位構造で連結される場合，最後の項を除いて -mente は省略される：económica y políticamente（経済的・政治的に），tanto directa como indirectamente（直接的にも間接的にも）．

14.4. 接語代名詞

人称代名詞無強勢形は音韻的にも統語的にも自立性がなく，かならず動詞とともに現れ，それと結合して一つのアクセント句を構成する．このような無強勢の付属語を接語(clítico)と呼ぶ．そこで，人称代名詞無強勢形は接語代名詞とも呼ばれる．他に再帰代名詞 se もこの中に含まれる．接語代名詞は統語規則により動詞の前に置くか後に置くか定まっており，動詞の前に置かれる場合を後接的(proclítico)，後に置かれる場合を前接的(enclítico)と言う．どちらにせよ動詞とともに一つのアクセント句を構成することは変わらないが，正書法上は前接と後接とでは表記の仕方が異なる．後接の場合は代名詞と動詞は分かち書きする：te los doy（私は君にそれらをあげる）．一方，前接の場合は，代名詞が動詞と融合し，正書法上１語として書かれる：dártelos（君にそれらを与えること）．

14.5. 接頭辞

接辞(afijo)は自立性を持たない拘束形態素(morfema ligado)であり，必ず語基と融合して現れるのが原則である：considerable（かなりの），recortar（切り取る）．ところが，接辞のうち接頭辞(prefijo)は例外的にハイフン付きまたは分かち書きで表記されることがある．それが次のような形式に添加される場合である．

1) 固有名詞に添加される場合：anti-Franco（反フランコの），pro Chávez（チャベス支持の）
2) 略号に添加される場合：pro-EU（親 EU の），anti EE.UU.（反米の）
3) 統語的複合語に付加される場合：anti pena de muerte（死刑反対の），

— 144 —

14. 語の分かち書き

pos Segunda Guerra Mundial（第2次大戦後の），vice primer ministro（副
首相）

4）接頭辞が等位接続される場合：bi- y tridimensional（二次元・三次元的
な），pre y post natal（出生前後の）

5）接頭辞が重なる場合：anti posmodernismo（反ポストモダニズム），
pre-antibiótico（抗生物質以前の）

6）一部の生産性の高い接頭辞の中には新語を形成する場合，意味を明示
するために分かち書きをするか，ハイフンで接続するものがある．例え
ば，ex（元），pre（前），pos(t)（後）などである：ex presidente（前 / 元大
統領），ex pareja（前の / 元パートナー）；pre-islam（イスラム教以前），
pre-operatorio（手術前の）；pos-guerra（戦後），pos-servicio（アフターサー
ビス）．これらは定着するにつれて融合して書かれるのが普通である：
ex ministro / exministro（元大臣）

15. 略語の正書法

15.1. 略語の種類

　本書で略語 (abreviación) と呼ぶのは省略表記全般を指し，略号，短縮語，混成語，頭字語および学術記号を含む．このうち短縮語 (acortamiento) とは語の一部が省略されるものである：cine (< cinematógrafo 映画)，foto (< fotografía 写真)，metro (< metropolitano 地下鉄)．混成語 (compuesto acronómico) とは二つ以上の語のそれぞれ一部が結合して新しい語ができるものである：auto + ómnibus > autobús (バス)，petróleo + química > petroquímica (石油化学)，televisión + novela > telenovela (テレビ小説)．しかし，ここで特にその正書法を取り上げる必要があると考えるのは略号，頭字語および学術記号の3種類である．

15.2. 略号

　略号 (abreviatura) とは語または句を一部の文字だけを残して省略表記するもので，音韻的には完全な語または句に復元して読む．もともと頻繁に使う語，あるいは長い語句を書く手間とスペースを省くための表記上の工夫である．ラテン語の時代から用いられていた書記法であるが，現代では格段に多用されるようになった．日常生活では個人的にまたは一定の社会集団内で用いられる略号もあるが，ここで扱うのは広く社会的に認知され，使用されている形式である．

　略号は語頭の部分を残して後を省略するか，語頭と語末を残して中間部分を省略するのが一般的で，子音で終わるのが普通である：etc. (etcétera)，gralm. (generalmente)，D. (don)，Ud. (usted)．しかし，性を表示するため，あるいは元の語を復元しやすいように語末母音を残すこともある：Da. (doña)，atte. (atentamente)，depto. (departamento)，plza. (plaza)，tfno.

— 146 —

15. 略語の正書法

(teléfono). また，二語以上の句あるいは定形表現の場合は構成素である語の頭文字を残すのが原則である：a. J. C. (antes de Jesucristo 紀元前), d. J. C. (después de Jesucristo 西暦), p. ej. (por ejemplo 例えば), q. e. p. d. (que en paz descanse 今は亡き…). 省略した元の語がラテン語の場合もよく見られる：a. m. (ante meridiem 午前), cf. (confer 参照せよ), id. (idem 同上), op. cit. (operecitato 前掲書), p. m. (post meridiem 午後).

　略号の性は元の語のままである．略号が複数形の名詞に対応する場合は，末尾に複数語尾 -s が付けられる（下記 8 参照）．しかし，動詞の複数形の場合は表記上で特に区別はしない：D. E. P. (Descanse / Descansen en paz 安らかに眠って下さい).

　正書法上，略号には次のような特徴がある．

1）省略符としてピリオドを付けるのが原則であるが，スラッシュを付けることもある：c/ (calle 通り), c/u (cada uno 各自), s/f (sin fecha 日付なし).略号の途中にピリオドが入る場合は，その後にスペースを置くが，スラッシュの場合はスペースなしである．

2）略号で文が終わる場合，略号のピリオドと終止符の二つを付ける必要はない．しかし，文末で略号の後に 3 点リーダー（中断符）が来る場合はピリオドを一つも省略しない：etc....

3）元の語が大文字で表記される場合は略号も大文字となる．

　固有名：Barna. (Barcelona), Bs. As. (Buenos Aires), Mdeo. (Montevideo); A. T. (Antiguo Testamento 旧約聖書), N. T. (Nuevo Testamento 新約聖書), R. D. (Real Decreto 勅令)

　序数を示すローマ数字：tomo III (tercero), V (quinto) congreso

4）ただし，元の語が小文字であっても，略号では大文字で書くのが慣例の場合がある．

　敬称，称号，学位：Sr. (señor), Sra. (señora), Srta. (señorita), S. M. (su majestad), Dr. (doctor), Dra. (doctora)

　役職名，軍人の階級：Dir. (director), Mtro. (maestro / ministro), Ob. (obispo), Cte. (comandante), Gral. (general)

　その他の場合は小文字で書くのが原則であるが，大文字で書くのが慣用になっている略号もかなり多くある：A/A (a la atención), C. P. (código postal), P. D. (posdata)

— 147 —

発音・文字

　5）非省略部分にアクセント記号がある場合は付けておく：admón.
　　（administración），pág.（página），párr.（párrafo）
　6）性変化をする語の略号では性を表示するため語尾母音を付けること
　　がある：afmo.（afectísimo），afma.（afectísima），dcho.（derecho），dcha.
　　（derecha），Ilmo.（ilustrísimo），Ilma.（ilustrísima）
　7）語末部分を省略した略号の性を表示したい場合，語尾 -o / -a は上付き
　　（volado）で表記するのが従来は一般的であった：D.ª（doña），S.ª
　　（Señora），n.º（número）．しかし，最近は女性形の -a については普通の
　　下付き文字とする傾向が広がっている：Dña., Sra.
　8）複数形を表示をするときは語尾 -s を付す：Uds.（ustedes），págs.
　　（páginas），vols.（volúmenes）．しかし，頭文字だけを残した句の略号の
　　場合は複数形を表示するために文字を重複させる：EE. UU.（Estados
　　Unidos），JJ. OO.（Juegos Olímpicos），VV. AA.（varios autores）
　9）序数は数字と語尾で略号を構成することがある．この場合，語尾の文
　　字は上付きで表記される：1.º（primero），1.ᵉʳ（primer），2.ª（segunda），3.º
　　（tercero）
　略号が頭字語と異なる点は省略表記した語を復元して読むということである．しかし，2語以上からなる句の略号の場合，復元せずに文字名で読むこともある：S. A.（sociedad anónima / ['ese 'a] 株式会社），S. L.（sociedad limitada / ['ese 'ele] 有限会社）．文字名で読む場合は略号から頭字語に転化したことになる．

15.3.　頭字語

　頭字語（sigla）とは2語以上からなる句の頭字をとって構成された語である．現代では組織名や科学技術用語などの長い慣用句を発音したり表記したりする煩わしさを避けるため非常に多用される．
　大文字で表記される頭字語は複数形としない．複数は限定詞や数詞によって表示されることになる：los CD（CD），las ONG（非政府機関）．しかし，口語的な発話では los CDs [θe'ðes] のように複数形にすることがある．アカデミアはこうした複数形は避けるべきだとしており，まして英語式に CD's と表記するのはアポストロフィーの項で述べたように認めていない．

— 148 —

15. 略語の正書法

頭字語の読み方には次の３方式がある.

1）字名で読むもの（sigla deletrada）── 文字を１字ずつ読む:

DNI（< documento nacional de identidad 国民身分証明書）

FMI（< Fondo Monetario Internacional 国際通貨基金）

2）単語として読むもの（sigla silabeada）── 音節に区切って語として読む:

AVE（< Alta Velocidad Española スペイン高速列車）

ONU（< Organización de las Naciones Unidas 国際連合）

3）単語読みと字名読みが混合したもの ── 音節化できない部分は字名で読む:

CSIC [θe'sik]（Consejo Superior de Investigaciones Científicas 科学研究最高評議会）, PSOE [pe'soe]（< Partido Socialista Obrero Español スペイン労働社会党）

上記のうち, 2）だけを狭義の頭字語（acrónimo）と呼ぶ場合もある. また, 1）と2）の読み方が交替する場合もある. 例えば, OMS（< Organización Mundial de la Salud, 英 WHO）は ['o 'eme 'ese] とも ['oms] とも読まれる. あまり一般的でない頭字語の場合は元の語に復元して読むこともある. この場合は略号として機能するわけである.

スペイン語は, 外国語の頭字語もできるだけ翻訳してスペイン語化することをアカデミアが推奨しており, 実際にその傾向が強い: OPEP（< Organización de Países Exportadores de Petróleo, 英 OPEC）, OTAN（< Organización del Tratado del Atlántico Norte, 英 NATO）. しかし, 外来の頭字語がそのまま慣用化している場合もある: CD（< compact disc）, UNESCO（< United Nations Educational, Scientific and Cultural Organization）.

頭字語の正書法には次のような特徴がある.

1）略号と異なり省略符（ピリオド）は付けない.

2）全体を大文字で書くが, 二重字は前の文字のみ大文字にする: PCCh（< Partido Comunista de China 中国共産党）

3）冠詞, 前置詞, 接続詞のような機能語は頭字語を形成する際, 除かれるのが普通であるが, それが含まれる場合はその部分のみ小文字とすることもある: PyME（< pequeña y mediana empresa 中小企業）

— 149 —

発音・文字

　4）単語読みをする狭義の頭字語の場合，全部大文字ではなく，通常の名
　　詞のように小文字で書くこともある：ovni（< Objeto Volador No
　　Identificado 未確認飛行物体），sida（< Síndrome de Inmunodeficiencia
　　Adquirida，英 AIDS）．固有名の場合は語頭の文字のみ大文字とする：
　　Renfe（< Red Nacional de Ferrocarriles Españoles スペイン国有鉄道），
　　Unicef（< 英 United Nations International Children's Emergency Fund）
　5）実際の発音にかかわらずアクセント記号はいっさい付けない：CIA
　　['θia]（< 英 Central Intelligence Agency）．ただし，通常の語彙としてす
　　でに定着した狭義の頭字語は必要に応じてアクセント記号が付く：láser
　　（< 英 Light Amplification by Stimulated Emission of Radiation）

15.4. 学術記号

　ここで学術記号（símbolo científico-técnico）と呼ぶのは主に科学技術分野
の専門語，計量単位などを表すための記号である．アルファベットの文字を
用いるもの，つまりアルファベット文字記号（símbolo alfabetizable）とアル
ファベット以外の独自の記号を用いるもの（例えば +, -, =, %, €, $）があるが，
ここで取り上げるのは前者のみである．
　アルファベット文字を用いる学術記号は，対応する語の頭文字を取って構
成されるのが普通であり，1 文字か多くても 2～3 文字で表記される：
C（carbono 炭素），Au（oro 金），cm（centímetro センチメートル），RUB（rublo
ルーブル）．読む際は対応する語に復元する．こうした点は略号に似ている
が，その大部分は国際的に規格化され，慣用となっているもので，スペイン
語独自で作られたものではない．例えば，学術記号の中で代表的な存在であ
る元素記号はラテン語の名称に基づいて規定されるため，記号とスペイン語
名の頭字が一致する場合もあるが，相違する場合もある：O（oxígeno 酸素），
H（hidrógeno 水素）；S（azufre 硫黄），Na（sodio ナトリウム）．本質的に学術
記号は略号と異なり，語形そのものを表記するのではなく，特定の語に対応
するよう公式に定められた記号である．
　学術記号は対応する語に復元して読むのが原則であるが，物理学，化学，
数学などで定式に含まれるような場合は文字名で読む：H_2O ['atʃe 'dos 'o].
　正書法上は次のような特徴を持つ．

— 150 —

15. 略語の正書法

1）略号と異なり，省略符（ピリオド）は付けない．

2）大文字と小文字の使用は個別に慣用が定まっており，変えることはできない．例えば，元素記号は，1字の場合は大文字，2字以上の場合は最初の字のみ大文字で，後は小文字である：N（nitrógeno 窒素），Pb（plomo 鉛）．通貨単位はすべての字が大文字である：CUP（peso cubano キューバ・ペソ），EUR（euro ユーロ）．方位名も同じく大文字である：NE（noreste 北東），SW（suroeste 南西，スペイン語独自の SO も用いられる）

国際単位系（SI＝Sistema Internaconal de Unidades，旧メートル法）の単位は原則としてすべての字が小文字である：m（metro メートル），cm（centímetro センチ），km（kilómetro キロメートル）．しかし，人名に由来する単位は大文字である：dB（decibelio デシベル ＜ Bell），kV（kilovoltio キロワット ＜ Watt）．また，l（litro リットル）は数字の 1 との混同を避けるため大文字にすることがある：1 L．千倍を表す kilo- までの倍数接頭辞（mili-, centi-, deci-, deca-, hecto- など）は小文字で書くが，100 万倍を表す mega- 以上の接頭辞（giga-, tera- など）は大文字で書く：MHz（megahercio メガヘルツ），GB（gigabyte ギガバイト）．

3）アクセント記号はいっさい付けない：13 a（áreas アール）

4）表記上は無変化であり，複数になってもそれが表記に反映することはない：8 g（gramos グラム），15 m²（metros cuadrados 平方メートル）

5）計量単位の記号を数詞と組み合わせる場合，数詞は綴り字ではなく算用数字で表記する：20 km

16. 外来語の正書法

16.1. 外来語

　スペイン語の語彙は祖先のラテン語から継続して受け継がれてきた伝承語（léxico heredado o patrimonial）と広い意味の借用語から成り立っている．「借用語（préstamo lingüístico）」とは異言語から採り入れた語彙である．同じ意味で「外来語（extranjerismo）」が用いられることもあるが，古代から中世にかけて借用されたイベリア語，ケルトイベリア語，ゴート語，アラビア語などに起源を持つ語彙は時代の経過とともにスペイン語の中に完全に定着し同化していて，通常は借用語として意識されることもない．ここで，外来語と呼ぶのは近代以降に外国語から導入された語彙に限る．また，歴史的にスペイン語が成立した後でラテン語から直接導入されたラテン語借用語および学識語も外来語とは区別して扱う．

　外来語は，初めは表記上原語のままあるいはそれに近い「生の外来語（extranjerismo crudo）」として導入された後，次第にスペイン語の音韻体系や形態論に適合するよう変化し，正書法上の改変も行われるなどの過程を経て「適応化した外来語（extranjerismo adaptado）」となるのが普通である．スペイン語はラテン文字を使う言語なので同じラテン文字を用いる言語からの外来語は最初の段階で原語のままかそれに近い語形で導入される．ラテン文字を使わない言語の場合は，一定の方式に基づきまずラテン文字への翻字（transliteración）が行われるが，さらに原音に基づいて修正を加えた発音の転写（transcripción）が行われることもある．

　文章中に生の外来語を引用する際は，斜字体（イタリック）とするか引用符で囲むのが習慣である．借用語としてある程度普及すると，音韻・形態上の必要な適応化が行われ，正書法も確定するが，そこに至るまでには一定の時間の経過を要し，過渡的な段階にある外来語は，音韻・形態面や表記上でスペイン語としては例外的な様相を示すことが少なくない．そうした外来語

は表記どおりに発音されているとは限らない．また，生の外来語に近い形式と適応化した形式が共存している場合もある．

16.2. 外来語の正書法上の適応化

16.2.1. 母音とアクセントの適応化

「生の外来語」がスペイン語に適応化する際にはスペイン語の正書法に適合するよう必要な改変が加えられる．母音とアクセントに関する主要な適応化には次のようなものがある．

1）母音字の書替え ── 母音字は原語の発音に則してスペイン語の正書法に適合した綴り字に変えられる：英 crawl > crol（クロール），meeting > mitin（集会），仏 boulevard > bulevar（並木道），croissant > cruasán（クロワッサン）．しかし，実際の発音よりも原語の綴り字が優先され，維持される場合もある：英 > club ['kluβ]（クラブ），sidecar [siðe'kaɾ]（サイドカー），playboy ['pleị̯βoị̯]（プレイボーイ）

2）y の書替え ── 母音を表す y は i に書替えられる：英 penalty > penalti（ペナルティー，ペナルティーキック），geyser > géiser（間欠泉）

3）アクセント記号の付与 ── スペイン語の正書法に合致するよう必要な場合はアクセント記号が付与される：英 baseball > béisbol（野球），shampoo > champú（シャンプー），仏 menu > menú（メニュー），伊 opera > ópera（オペラ）

借用語のアクセント位置は，スペイン語のアクセント型に反しない限り借用源の言語と変わらないのが原則であるが，変動や交替が見られる場合もある：仏 chandail > chandal / chándal（ジャージー），英 football > fútbol / futbol（サッカー）．

16.2.2. 子音の適応化

子音に関しては次のような正書法上の適応化が行われる．

1）重子音字の書替え ── 重子音字は単子音字に縮小される：英 tunnel > túnel（トンネル），仏 assemblée > asamblea（会議），伊 novella > novela（小説）．同様に，英語の ck は単独の c または qu に変えられる：英 block > bloc（メモ用紙），nickel > níquel（ニッケル）

── 153 ──

発音・文字

2）語末子音字の削除 —— フランス語などの発音されない語末の子音字
は削除される：carnet > carné（証明書），chalet > chalé（一戸建て住宅）.
例外的に残っているものもあるが，表記どおりに発音されるとは限らな
い：complot（陰謀），fagot（ファゴット，異形 fagote もある）

3）k の書替え —— 比較的古い時期に導入された借用語では，k は c また
は qu に置き換えられた：英 smoking > esmokin（燕尾服），poker >
póquer（ポーカー）. アカデミアは従来この書替えを推奨してきたが，
k を維持する語形と書替えた語形が競合している例もかなりある：
bikini / biquini（ビキニ），kimono / quimono（着物）. 新しい借用語では
k がそのまま維持される傾向にある：karaoke（カラオケ），kayak（カヤッ
ク）

4）qua, quo の書替え —— スペイン語の正書法にない結合 qua, quo は
cua, cuo に書替えられる：英 quasar > cuásar（クエーサー），独 Quarz >
cuarzo（石英）

5）英語の -ing —— 語末の g が削除される：pudding > pudin（プディン
グ），smoking > esmoquin

6）ze, zi の書替え —— 古い借用語では ce, ci に書替えられた：仏 zinc >
cinc（亜鉛），英 zircon > ラテン > circonio（ジルコニウム，zinc, zirconio
もある）. しかし，新しい借用語ではそのままの場合が多い：zen（日 >
禅），zipper（英 > ファスナー）

7）語頭音 e の添加 —— 語頭で子音＋s の子音連続がある場合，e による
語頭音添加（prótesis）が行われる：英 standard > estándar（標準的な），
slogan > eslogan（スローガン），伊 spaghetti > espagueti（スパゲッティ）.
たとえ綴り字に反映されてなくても 発音上は語頭音添加が起きるの普
通である：spot [es'po(t)]（スポット広告），stop [es'to(p)]（止まれ）

8）sh の書替え —— 英語などの sh は，比較的古い借用語では ch または
s に置き換えられた：英 shock > choque（衝撃），日 shinto > sintoísmo（神
道）. 新しい借用語ではそのままであることが多いが，実際の発音は [t͡ʃ]
または [s] になるのが普通である：sheriff（< 英，保安官），shogun（< 日，
将軍）

9）フランス語の -age —— 古い時代から -aje に書替えるのが習慣である：
garage > garaje（ガレージ），montage > montaje（組立て）

— 154 —

16. 外来語の正書法

10) j の表記 —— 比較的古い借用語ではそのまま維持され，[x] と発音される：仏 jade > jade (ひすい)，日 shoyu > オランダ soja > soja (大豆)．文字はそのままで例外的に [j] で発音される場合もある：jazz (英 > ジャズ)，jeans (英 > ジーンズ)．しかし，新しい借用語では y に書替えられることが多い：日 judo > yudo (柔道)

11) h の表記 —— 英語などで [h] を表す h は，表記はそのままで [x] と発音されることが多い：happening ['xapenin] (ハプニング)，haiku ['xaiku] (俳句)．しかし，正書法の適合化が行われて表記が j に置き換えられることもある：jonrón (< homerun, ホームラン)，jippi (< hippy, ヒッピー)

12) w の書替え —— 古い借用語では v または u (時には gü) に置き換えられた：英 waggon > vagón (車両)，sweater > suéter (セーター)，whisky > güiski (ウィスキー)．しかし，新しい借用語では w のままが多い：英 windsurfing > windsurf (ウィンドサーフィン)，kiwi (キーウィー)，web (ウェッブ)

16.3. ラテン語借用語

ラテン語借用語 (latinismo) とはラテン語が歴史的変化を遂げてスペイン語が成立した後でラテン語から直接導入された語彙である．ギリシャ語借用語とともに学識語と呼ばれる語彙グループを構成する．中世スペイン語の時代にもラテン語借用語が多数採用されたが，近代にはさらに多数の語彙が学術用語として導入された上に科学技術分野を中心にラテン語・ギリシャ語の語基を利用した新語も多数造語されるようになった．これらの多くはスペイン語圏以外の地域で造語され，スペイン語に借用されるに至ったものである．

ラテン語借用語にも「生の」借用語と「適応化された」借用語がある．生のラテン語借用語はラテン語の語形そのままで表記されるもので，通常の外来語同様，イタリックで表記するのがよいとされる．中には，ラテン語の表記のままでスペイン語に定着したとみられるものもある：campus (キャンパス)，ego (自我)，quid (要点)．しかし，多数を占めるのは文字の書替え，アクセント記号の付与など一定の適応化が行われたものである：adenda (補遺)，álbum (アルバム)，clepsidra (水時計)，déficit (赤字)，hábitat (生息地)，ómnibus (バス)，quántum (量子)，quídam (誰かさん)，quórum (定足数)，

— 155 —

発音・文字

superávit（黒字），status / estatus（地位）．アクセント表記だけ適応化が行われた形式と語尾もスペイン語の形態論に適合化して改変された形式が共存する場合もある：auditórium / auditorio（講堂），currículum / currículo（カリキュラム），memorándum / memorando（覚書），pódium / podio（表彰台），referéndum / referendo（国民投票），solárium / solario（サンルーム）．

　主に学術的な分野でラテン語の成句（慣用句）が使用されることもあり，ラテン語の表記のまま使用するのが原則である：ad hoc（特別の），alter ego（分身），a posteriori（帰納的に），a priori（先験的に），cum laude（優秀な），curriculum vitae（履歴書），ex abrupto（唐突に），ex libris（蔵書票），ex testamento（遺言によって），grosso modo（だいたい），honoris causa（名誉の），ipso facto（その結果），sine die（無期限に），sine qua non（不可欠な）．しかし，アクセント記号の付与など一部スペイン語への適応化が行われている例もある：adlátere（側近），ad líbitum（任意に），etcétera（等々），sui géneris（特有の）．

＜参考 21 ＞　併用公用語からの借用語

　スペイン 1978 年憲法は，自治州がスペイン語（カスティーリャ語）と並んで州独自の公用語を規定することを認めている．これは併用公用語（lengua cooficial）と呼ばれる．現在，併用公用語として公認されているのはカタルーニャ自治州のカタルーニャ語およびアラン語，バレアーレス自治州のカタルーニャ語，バレンシア自治州のバレンシア語，ガリシア自治州のガリシア語，バスク自治州とナバラ自治州の一部のバスク語である．これらの言語の固有名詞や官庁・組織名などがスペイン語で引用される際にはいわば「生の外来語」としてスペイン語への適応化を行わずに原語のまま表記するのが現在では普通である．地名の場合も，スペイン語名ではなく，現地名を使う傾向が広がっている．例えば，カタルーニャの地名（以下のカッコ内はスペイン 語 名）Girona（Gerona），Lleida（Lérida），ガリシアの地名 A Coruña（La Coruña），Ourense（Orense），バスクの地名 Donostia（San Sebastián），Euskadi（País Vasco），Gasteiz（Vitoria）など．この他，新聞・テレビなどによく現れる例としては，カタルーニャ語 Generalitat（自治州政府），Mossos d'Esquadra（カタルーニャ自治州警察），Barça［FC Barcelona の愛称］，ガリシア語 Xunta（自治州政府），バスク語 lehendakari（自治州首相），Ertzaintza（バスク自治州警察）などがある．

— 156 —

17. 固有名詞の正書法

17.1. 人名

　スペイン語圏の人名（antropónimo）は個人名（洗礼名 nombre de pila），第1姓，第2姓の3部分から成り立っている：Federico García Lorca. 以前は第1姓が父姓（apellido paterno），第2姓が母姓（apellido materno）と決まっていたが，スペインでは2000年以降どちらを先にしてもよいことになった．個人名は二つ以上の名前からなる複合形式の場合も少なくない：（男性）José María, Juan Carlos，（女性）Ana María, María Isabel. 姓を簡略に示す場合は第1姓を残して第2姓を省略するのが普通であるが，第2姓を通称として用いる場合もある：Pablo Ruiz y Picasso > Pablo Picasso. かつては二つの姓を接続詞 y で結合するのが正式とされていたが，現在は接続詞なしで並置するのが普通である．ただし，父姓または母姓のどちらかが複合形式の場合は第1姓と第2姓の区別を明らかにするため複合形式のほうにハイフンを入れる：Juan Gómez-Peña Rodríguez. 同様に，個人名が複合形式で，後の要素が姓と紛らわしい場合はハイフンを入れる：Juan-Marcos González Cepada.

　個人名も姓も，最初の字は大文字で書く．姓が前置詞で始まる場合，個人名とともに表記するときは小文字で書く：Lisandro de la Torre. しかし，姓だけを表す場合は大文字で書く：el señor De la Torre. 二つの姓が接続詞 y で繋がれる場合，接続詞は常に小文字で書く：Santiago Ramón y Cajal.

　外国の人名は，ラテン文字を使う言語の場合はそのまま，非ラテン文字の言語ではラテン文字に翻字した上でそのまま手を加えずに表記するのが原則である．しかし，かつてはキリスト教文化圏に属する国の洗礼名は，対応するスペイン語形に置き換えて表す慣習があった．また，古い時代には姓もスペイン語化して表記されることがあった．歴史上の有名な人物の場合は今日でもスペイン語化した形式が用いられる：Julius Caesar > Julio César（ユリウス・カエサル），Muḥammad > Mahoma（ムハンマド），Jeanne d'Arc > Juana

— 157 —

de Arco（ジャンヌ・ダルク），Michelangelo ＞ Miguel Ángel（ミケランジェロ），Cristoforo Colombo ＞ Cristóbal Colón（クリストファー・コロンブス）．近代に至っても洗礼名はスペイン語化されるのが普通だった：Emmanuel Kant ＞ Manuel Kant, Karl Marx ＞ Carlos Marx．現代ではこの慣習が廃れ，姓・名ともに原語のままとするのが原則である．しかし今日でも，西洋文化圏の個人名および異名は，スペイン語化が可能な形式であれば，次のような場合に限って置き換えられる．

  1）国王，王族および教皇の個人名：Elisabeth II ＞ Isabel II（エリザベス２世），Charles, Prince of Wales ＞ Carlos, príncipe de Gales（チャールズ皇太子），Johannes Paulus II ＞ Juan Pablo II（ヨハネ・パウロ２世）
  2）聖人名：Juan Bautista（洗者ヨハネ），Tomás de Aquino（トマス・アクィナス），Francisco de Asís（アシジのフランチェスコ）
  3）歴史上有名な人物：Alejandro Magno（アレキサンダー大王），Carlomagno（カール大帝），Ricardo el Corazón de León（リチャード獅子心王）

　固有名詞は歴史的伝統が重んじられる傾向が強いため，人名には古い綴り字が残っている場合があり，また異形が共存している場合もある：Cepada / Zepada, Fernández / Hernández, Jiménez / Giménez / Ximénez, Mejía / Mexía.

17.2.　地名

　スペイン語圏の地名（topónimo）はスペイン語の正書法に従って表記される．ただし，地名も人名と同様，古い綴り字や異形が慣用として残っている例がある：México, Texas, Jalapa / Xalapa, Cusco / Cuzco.

　外国の地名を表記する場合，内名と外名の有無が問題となる．内名（endónomo）とはその地名の指示対象が存在する現地の言語による呼称である．一方，外名（exónomo）とはその地域の外にある言語による呼称である．例えば，スペイン語で日本のことを Japón と呼ぶのはスペイン語による外名であり，ニッポンまたはニホンは日本語の内名である．スペインと関係の深い欧米の主要地名や他地域でも歴史的に古い主要地名にはスペイン語の外名があるものが多く，スペイン語の正書法に従って表記される．

　［国名］Alemania（ドイツ），Francia（フランス），Países Bajos（ネーデルラ

— 158 —

17. 固有名詞の正書法

ンド), Polonia (ポーランド), Egipto (エジプト), Turquía (トルコ), Tailandia (タイ), Nueva Zelanda (ニュージーランド)

[地方名] Baviera (バイエルン), Renania (ラインラント), Cerdeña (サルジニア), Escocia (スコットランド), Gales (ウェールズ), Provenza (プロヴァンス)

[都市名] Aquisgrán (アーヘン), Colonia (ケルン), Londres (ロンドン), Moscú (モスクワ), Nueva York (ニューヨーク), Estambul (イスタンブール), Tokio (東京)

[河川名] el Danubio (ドナウ川), el Rin (ライン川), el Sena (セーヌ川), el Támesis (テームズ川), el Nilo (ナイル川), el río Amazonas (アマゾン川), el río Indo (インダス川)

現地の内名がほぼそのままでスペイン語の外名となることもあるが, スペイン語の正書法に従い必要ならばアクセント記号が付与される：Berlín (ベルリン), Núremberg (ニュールンベルク), París (パリ), Río de Janeiro (リオデジャネイロ), Shanghái (上海).

歴史的に古い外名の中には現代ではほとんど使われなくなり, 内名を用いるのが普通になっている例もある(いずれも前が内名, 後がスペイン語の外名)：Leipzig / Lipsia (ライプツィッヒ), Stuttgart / Estucardia (シュツットガルト), Toulouse / Tolosa (トゥールーズ).

地名・地域名が地形を表す普通名詞や形容詞から成り立っている場合またはそれを伴う場合はスペイン語に翻訳された外名を用いるのが普通である：Cape Town > Ciudad del Cabo (ケープタウン), Côte d'Azure > Costa Azul (コートダジュール), el Mar Negro (黒海), el río Amarillo (黄河), Schwartzwald > Selva Negra (シュヴァルツヴァルト).

外国の地名でスペイン語の外名がないか, それが一般化していないものは, ラテン文字表記の場合はそのまま, 非ラテン文字の場合はラテン文字に翻字されたままで修正を加えずに表記するのが原則である：Düsseldorf (ドュッセルドルフ), Guimarães (ギマランイス), Lyon (リヨン), São Paulo (サンパウロ), Washington (ワシントン). しかし, 文字jはyに置き換えることもある：Jaipur / Yaipur (ジャイプール), Jakarta / Yakarta (ジャカルタ). また, スペイン語の正書法にない文字や識別記号は置き換えるか省略することも多い：Eskişehir > Eskisehir (エスキシェヒル [トルコ]), Gdańsk > Gdansk (グ

— 159 —

ダンスク［ポーランド］），Øresund > Oresund（エーレスンド海峡）．こうした場合を除くと，全般に現代スペイン語では，地名はスペイン語化せずに原語に近い形式で用いようとする傾向が広がっている．

17.3. 固有名詞の派生語

人名・地名を問わず固有名詞から派生した形容詞および普通名詞は，スペイン語では小文字で書かれる：Cervantes > cervantino（セルバンテスの），cervantismo（セルバンテス研究），cervantista（セルバンテス研究者），Chávez > chavista（チャーベス支持者），Franco > franquista（フランコ派），franquismo（フランコ体制），Quijote > quijotería（ドンキホーテ的性格），quijotesco（ドンキホーテ的な）；Estados Unidos > estadounidense（米国の，米国人），Lima > limeño（リマの，リマ市民），Madrid > madrileño（マドリードの，マドリード市民），Tokio > tokiota（東京の，東京都民）．

18. 数表現の正書法

18.1. 数詞の正書法

18.1.1. 基数詞

数（número）を示す語は数詞（numeral），それを示す記号は数字（cifra）と呼ばれる．両方を含めて数を表す手段を数表現（expresiones numéricas）と呼ぶことにする．

スペイン語の数詞には基数詞，序数詞，分数詞および倍数詞の4種類がある．基数詞（numeral cardinal）は個数を表す形容詞であるが，名詞としても用いられる．性変化をする uno（1）と 100 の桁を除き無変化である．基数詞を語として書く場合，30 までは1語として書くのが原則である：uno（1），diecisiete（17），veinticuatro（24），veintinueve（29）．強勢は1の桁にあるので，正書法上必要な場合はアクセント記号を付けなければならない：veintiún hombres（21 人の男），veintidós（22），veintitrés（23）．31 以上は語を分かち書きし，10 位と1位の間には接続詞 y を入れる：treinta y uno（31），ciento tres（103），trescientos cuarenta y siete（347），cinco mil quinientos setenta y nueve（5,579）．ただし，二桁の数詞は，イスパノアメリカではまれに1語として書くこともある：sesentaicinco años（65 年）．この場合，10 の桁の語尾 -a を省略するのは誤りである．

千（mil）以上の桁は分かち書きをする：dos mil（2千），diez mil（1万），cien mil（10 万）．なお，100 万（millón）以上の桁を表す語は男性名詞なので，100 万の場合は un を前に置き，200 万以上の場合は複数にする：un millón（100 万），dos millones（200 万），diez millones（1千万），cien millones（1億），mil millones（10 億），un billón（1兆）．ちなみに，アカデミアは，アメリカ英語の影響により 10 億の意味で billón が用いられることを嫌い，その代わりに millardo という語を推奨しているが，実際にはあまり使用されない．

— 161 —

発音・文字

18.1.2. 序数詞

序数詞 (numeral ordinal) は順序数を表す語で, 修飾する名詞に呼応して性・数変化を行う. 名詞を修飾する場合, その前と後どちらに置くことも可能であるが, 一般に前置されることが多い：primer piso (1 階, スペインでは日本の 2 階に相当), segunda enseñanza (中等教育), tercera edad (第 3 世代, 高齢者). 今日では 30 までの序数詞は 1 語として書くことが多い：primero (第 1), quinto (第 5), decimotercero (第 13), vigesimosegundo (第 22), trigésimo (第 30). 31 以上は桁ごとに分かち書きし, 接続詞なしで並置する：trigésimo primero (第 31), cuadragésimo cuarto (第 44), centésimo quinto (第 105). なお, 分かち書きをする場合は, 各語が性・数変化を行う：trigésima tercera edición (第 33 版). また, 11 と 12 には語源的な undécimo, duodécimo のほか, 近代に作られた分析的な decimoprimero, decimosegundo という形式も存在する.

現代, 序数詞が用いられるのはせいぜい 30 (trigésimo) 台までであり, 日常的には 10 までしか用いられない. それ以上は基数で代用するのが普通である. また, 序数詞を用いなくても, 名詞の後に基数詞を置くと序数を表すことになる：el piso seis = el piso sexto (6 階, スペインでは日本の 7 階に相当).

序数詞を略記するため数字と上付き文字を用いて表記することがある：1.º (= primero), 2.ª (= segunda), 3.ᵉʳ (= tercer) tomo (第 3 巻).

18.1.3. 分数

分数 (fracción) は分母 (denominador) と分子 (numerador) で構成されるが, スペイン語では分子には基数詞, 分母には分数詞 (numeral fraccionario o partitivo) が用いられる. 分数詞は 1/2 に medio, 1/3 に tercio という独自の形式を用いるが, 1/4 から 1/10 までの分数詞は序数詞と同じである. 1/2 には名詞 (una) mitad (半分) も用いられる.

1/11 ～ 1/99 の分数詞は基数に接尾辞 -avo を添加した形式が用いられ, 1 語として書かれる：onceavo (1/11), doceavo (1/12), veinteavo (1/20), treintavo (1/30), noventainueveavo (1/99). この -avo は形態論的には特異な接尾辞で, -a で終わる数詞にはそれを削除して添加されるのが普通であるが, -o または -e で終わる数詞にはそのまま添加される：treinta > treintavo

— 162 —

18. 数表現の正書法

(1/30), trece > treceavo (1/13), veintiocho > veintiochoavo (1/28). ただし, -o は削除することも可能である：dieciochavo (1/18). 100 の桁より上の単位の分母は接尾辞 -ésimo を添加した序数詞が用いられ, 1 語として書く：centésimo (100 番目の), milésimo (1000 番目の), diezmilésimo (第 1 万の), millonésimo (第 100 万の), cienmillonésimo (第 1 億の).

分数は分子, 分母の順に読み, 分子が 2 以上であれば分母はそれに呼応して複数形になる：1/2 (un medio), 2/3 (dos tercios), 3/4 (tres cuartos), 7/100 (siete centésimos). 分数は男性名詞として扱われる.

分数を形容詞的に使いたいとき, 1/2 は medio を分子なしで用いる：medio melón (メロン半分), media hora (半時間). 分母が 3 以上の場合は前記の分数形式を用いて, un tercio de los miembros (3 分の 1 のメンバー) のように表すことができるが, この他に名詞 parte を用いる表現がある. 分子には基数を用い, 分母には 3 ～ 9 の場合は序数詞, 10 以上は上記のとおり -avo または -ésimo の付く分数詞を女性形にして用いる：dos terceras partes de los casos (3 分の 2 の事例), una décima parte de los estudiantes (学生の 10 分の 1), una cuarentava parte de la cantidad (数量の 1/40), una centésima parte del costo (原価の 1/100).

18.1.4. 倍数

倍数を表す形容詞として倍数詞 (numeral multiplicativo) が用いられる：habitación doble (ダブルルーム), el doble asesinato (二重殺人). 名詞としても用いられるが, その場合は男性扱いで定冠詞が付く：el doble de riesgo (2 倍の危険), el triple (3 倍). 2 ～ 3 は二つの異形を持つ：doble / duplo (2 倍の), triple / triplo (3 倍の), 4 以上も -uple / -uplo という 2 系列の形式を持つ：cuádruple / cuádruplo (4 倍の), quíntuple / quíntuplo (5 倍の), séxtuple / séxtuplo (6 倍の). しかし, 主に使用されるのは -ple 形式で, -plo 形式はほとんど用いられない. 形容詞の場合, 修飾する名詞に呼応して -e の形式は数変化, -o の形式は性・数の変化を行う,

倍数詞は, 体系上は大きな数まで形式がそろっているが, 実際には 3 ～ 4 までかせいぜい 6 までしか用いられない. 代わりによく用いられるのは「基数＋ vez」の表現である：cinco veces (5 倍), diez veces más (10 倍多い).

— 163 —

発音・文字

18.2. アラビア数字の正書法

18.2.1. 桁区切り

　4桁以上の大きな数字は，読みやすくするため3桁ごとに単位が変わる西洋語の数詞体系に合わせて3桁ごとに区切りを示す慣習がある．そのために用いる桁区切り記号（separador de millares）は世界の地域によって異なるが，フランス式のピリオド（2.188）と英国式のコンマ（2,188）が多数を占め，少数派としてアポストロフィー（2'188）を使用する地域（スイス）もある．フランス式はヨーロッパ大陸の多くの国で採用され，英国式は英語圏の国々が中心である．アジアは日本をはじめ英国式の国がほとんどである．フランス式の桁区切りにピリオドを用いる地域では小数点にコンマを用いるが，英国式の桁区切りにコンマを用いる地域ではそれが逆になる．混乱の恐れがあるため国際的にこれを統一しようとする動きもあったが，各国で根付いた慣習を変えるのは難しく，BIPM（国際度量衡局）と ISO（国際標準化機構）は統一をあきらめ，桁区切りには記号を用いず，スペースを入れることを推奨している：13 490 558.

　スペイン語圏ではスペインはじめ多くの国がフランス式の桁区切りにピリオドを用いる方式である．しかし，英語の影響の強いメキシコ，中米，ドミニカ，ベネズエラ，プエルトリコでは英国式が用いられる．キューバや中米の一部の国では両方式が入り交じっていると言われる．アカデミアはスペースを入れる ISO 方式を推奨している（RAE, 2013: 297）が，一般にはまだ普及していない．

　桁区切りを行うのは，数字が個数を表す場合であり，順序数を示す場合には用いない．したがって，次のような場合には桁区切り記号を入れない．

1）年：el año 2016（2016 年），el 1000 a.C（紀元前 1000 年）
2）ページ，行：página 1181（1181 ページ），verso 1376（詩行 1376）
3）法律・契約の条項：artículo 1450（第 1450 条）
4）郵便番号，登録番号などの番号：código postal 17246（郵便番号 17246）．電話番号も区切りの記号を入れないが，代わりに国番号や局番を分け，加入者番号は2桁ごとにスペースを入れるのが普通である：91 701 19 70

なお，数字はひとまとまりに書くのが原則であり，桁の途中で改行するこ

— 164 —

とは許されない.

＜参考 22＞　アラビア数字

　アラビア数字（numeración arábiga）は日本語で算用数字とも呼ばれる. イ
ンド起源の数字体系であるが, 8 世紀頃インドから西のイスラム圏に伝わり,
10 〜 11 世紀頃アル・アンダルス（イスラム支配下のスペイン）から西欧に伝
わったと言われる. それまで欧州ではローマ数字が使用されていた. アラビ
ア数字体系の特徴は 10 進法で, ゼロを用いて位取りを行うことである. し
かし, 西洋に導入された当初, ゼロの記号は使用されなかった. 中世カトリッ
ク世界に強い影響力を持ったアリストテレス哲学は無限の概念を排斥したた
め, それと関係するゼロは「悪魔の数」と呼ばれて忌み嫌われたたためと言
われる. ゼロ記号の使用が広がるのは 13 世紀のイタリアからである. 合理
的なアラビア数字の記数法が採用されたことによってルネサンス期には数学
が飛躍的に発展することになった. ただし, 現在とほぼ同じ書体のアラビア
数字が確立するのは印刷術が普及した 16 世紀以降である.

18.2.2.　小数

　前記のとおり, スペインをはじめとするスペイン語圏では小数点
（separador decimal）にコンマを用いる方式が多数派である. しかし, メキシ
コなどピリオドを用いる国もあり, アカデミアはむしろこの方式を推奨して
いる（RAE, 2010: 666）.

　小数（número decimal）を読む場合, 正式には整数部は unidad, 小数部は
1 桁なら 1/10 を示す décima, 2 桁なら centésima, 3 桁なら milésima とい
う単位（分母）を付けるのが正しいとされる. 例えば 2,4 は dos unidades y
cuatro décimas, 6,37 は, seis unidades treinta y siete centésimas と読むことに
なる. しかし, 一般には, 小数点を con または y と読み, 小数点以下も整数
部と同様に読むのが普通である. したがって, 6,37 は seis con treinta y siete
または seis y treinta y siete となる. また, 話し言葉では小数点を coma（地
域によっては punto）と読むこともあり, この場合, 小数部は日本語と同様
1 桁ずつ読む：3,24（tres coma dos cuatro）. しかし, 公文書・契約書などで
小数を数字ではなく語によって表記する場合は, con または y を用いる書式
に従うべきであるとされる.

発音・文字

整数部が 0 の場合，例えば 0,14 は日常的には cero (unidades) con catorce のように読むが，正式にはゼロを付けずに分母単位を付け，catorce centésimas と読むのが正しいとされる．概数を示す場合，0,5 を medio と読むことがある．例えば 2,5 millones は，スペインでは dos millones y medio と読み，イスパノアメリカでは dos y medio millones と読むのが普通である．

18.3. ローマ数字の正書法

ローマ数字 (numeración romana) は I（=1），V（=5），X（=10），L（=50），C（=100），D（=500），M（=1000）の 7 文字を用いる数字体系である．大きい単位から小さい単位へと記号を並べるが，ある記号の前により下位の記号があるときは，それを引き算することを示す：IV（=4），IX（=9）．ただし，5 の倍数 V, L, D は引き数を示すのに用いない．ある記号の後に同じ記号か，より下位の記号が並ぶときは足し算するが，同じ記号は三つまでしか並べることはできない：XXIV（=24），CCCLX（=360）．しかし，時計の文字盤に限ってたぶん誤読を防ぐため IV の代わりに IIII を用いる慣習がある．

ローマ数字は大文字で書くのが原則である．しかし，箇条書きなどでは小文字も用いられる：i), ii), iii)…

今日ローマ数字を用いるのは序数を示す場合に限られる．主な用法は次のとおりである．

1）碑銘で年を示す：MCMXLI（1941）

2）定期刊行物で年次を示す：año XXVII（第 27 年）

3）世紀：el siglo XXI（21 世紀）

4）君主・教皇の世代：Felipe VI（フェリペ 6 世），Benedicto XVI（ベネディクト 16 世）

5）歴史的事件・記念行事の回数：la II Guerra Mundial（第 2 次大戦），IV Centenario del Quijote（ドン・キホーテ出版 400 周年）

6）書籍の巻，章・節：tomo III（第 3 巻），capítulo IX（第 9 章）

7）書籍の前付けページ，すなわち本文の前の目次などのページ．この場合は小文字が普通である：i, ii, iii …

以上の用法のうち特に 3）〜5）にはもっぱらローマ数字を用い，アラビア数字は用いない．

このようにローマ数字は序数の意味を表すために用いられるが，その読み方は一様ではない．概して 10 までは序数または基数のどちらかで読むことが可能であるが，11 以上は基数で読むのが普通である．前記の場合を細かく見ていくと，1）〜2）のように年数を表す場合は通常基数として読む．4），5）の場合，10 までは序数として読むが，10 は基数で読むこともある．しかし，11 以上は基数として読むのが普通である．3），6），7）の場合，10 までは序数で読むことも基数で読むことも可能であるが，11 以上は基数で読む．読み方はこのとおり煩雑であるが，いずれにせよ 11 以上を序数で読むことはあまりない．

18.4. 数詞と数字の表記

スペイン語では科学・技術分野以外では大きな数でない限り数は数字ではなく語で表記するのが原則であり，それが品位のある書き方であるとされる．具体的には，次のような場合は数字ではなく語（数詞）で表記を行うのがよいとされる．

1）数詞が 1 〜 2 語の場合：trece（13），veinticinco（25），cincuenta（50），setecientos（700）；ocho mil（8 千），cuatro millones（400 万）

2）2 桁までの接続詞 y で結合される数：cuarenta y siete（47），noventa y nueve（99）

3）概数，つまりおよその数を示す場合：unos treinta mil años（約 3 万年），unas cien mil personas（およそ 10 万人）

4）科学技術以外の分野における分数：una mayoría de dos tercios（2/3 の多数），una cuarta parte de los alumnos（生徒の 1/4）

5）成句中の数：cada dos por tres（しょっちゅう），ni a las tres（どうしても…できない），al cien por cien（全面的に），a millones（数限りなく）

6）歴史的事件・行事の日付：Levantamiento del Dos de Mayo（5 月 2 日マドリード蜂起），Primero de Mayo（メーデー）．ただし，数字で表記する場合もある：Atentados del 11 de septiembre（9.11 同時多発テロ事件）

7）ナイペ（スペイン式トランプ）やトランプ札の数：el cinco de copas（コパの 5），el siete de corazones（ハートの 7）

これに対し科学・技術や経済，統計など厳密性の必要な分野および掲示，

— 167 —

発音・文字

広告，新聞見出し，切符など簡潔性が必要な分野では数字による表記が用いられる．こうした分野でなくても次のような場合は，一般に数字で表記を行うのが普通である．

1）数詞で書くと4語以上になる場合：

685（seiscientos ochenta y cinco），1.236 personas

2）小数および小数を含む表現：

3,14（3.14），1,42 niños por mujer（女性1人につき子ども1.42人），

0,5 millones de dólares（50万ドル）

3）郵便番号，電話番号，文書番号，その他の番号：

C. P. 28001，tel. 902 27 81 56

4）街番または番地：Gran Vía, 29（グランビーア29番地）

5）年：2001

6）箇条書き：1), 2), 3)

7）章・節，条項の数：capítulo 14（第14章），artículo 23（第23条）

8）計量単位，通貨単位など略号を後に伴う数：

500 kW，18°C，10 cts.（10セント）

9）レシピなどで計量を示す場合：

4 huevos, 2 cucharadas soperas de aceite, 1/2 cucharada de perejil picado（卵4個，オリーブ油大さじ2杯，刻んだパセリ，スプーン1/2杯分）

10）図表，ページなどを示す名詞の後に来る数：

tabla 3（表3），página 102（102ページ），número 59（59番），

habitación 104（104号室）

数詞と数字を混ぜて書くのは原則として不可であり，同じ文書の中ではどちらか一方に統一すべきであるとされる．しかし，文法的に名詞とされる100万以上の単位および概数を表す名詞は数詞と交ぜ書きしてもよい：46 millones（4千6百万），3,5 billones（3兆5千億），10 millares de habitantes（数万人の住民）．しかし，mil およびそれ以下を表す数詞と数字を交ぜ書きすることは避けるべきだとされる：*4 mil personas, *11 mil millones de euros, *50 y tres días.

— 168 —

18.5. 日常の数表現

18.5.1. 時刻

12時間制で時刻を表現するときは数詞で表記するのがよいとされる：la una（1時），las dos（2時）．時間には女性定冠詞が付き，時間帯を示したい場合は de la madrugada（未明，真夜中から日の出まで），de la mañana（午前，日の出から真昼まで，または真夜中から真昼まで），de la tarde（午後，真昼から日没まで），de la noche（夜，日没から真夜中まで）を後に置く：las diez de la mañana（午前10時），las cinco y media de la tarde（午後5時半）．これらの修飾語は日常的な慣用表現であり，時間帯が何時から何時までと厳密に決まっているわけではない．これら修飾語が付くときやおよその時間を示すときは，とりわけ数字ではなく，数詞（語）を用いるのがよいとされる：alrededor de las once（11時頃）．

12時間制で数字により表記する場合，午前・午後には a. m.（< ante meridiem），p. m.（< post meridiem）を用いる：7:10 a. m., 8:20 p. m. この場合，午後12時を表すには m.（< meridies）を用いるのがよいとされる：12 m. 一方，午前12時は 12 a. m. となる．

正確さが要求される時刻表や報告書，科学的文献などでは24時間制が用いられるが，この場合は数字で表記する．時と分を分けるにはコロンを用いるのが普通である．ピリオドを用いてもよいが，コンマは用いない：las 18:00 h / las 21: 30 / 11.41. 何時を示す h（< hora(s)，ピリオドなし）は付けても付けなくてもよいが，分なしで時だけを示すときは付ける：a las 13 h. 読むときは時と分をそのまま接続詞なしで読むか，接続詞 y を入れて読む：las 20:40 (veinte (y) cuarenta). なお，1でない数は文法的に複数とされるので，0時（午前12時）は複数扱いである：las 0 h (cero horas).

18.5.2. 日付

スペイン語では日付を日，月，年の順に配列し，月と年の前には前置詞 de を置く：26 de febrero de 2016（2016年2月26日）．英語のように月，日，年の順に配列する方式がイスパノアメリカの一部の国では用いられることもあるが，好ましくないとされる：febrero 26 de 2016. 既述のように年には桁区切りを入れない．

— 169 —

発音・文字

　年月日すべてを数字ではなく語で表記するのは証書，契約書，小切手など厳密を期す必要がある書類に限られる．この場合，1日(ついたち)をスペインでは uno，イスパノアメリカでは primero と書くのが普通である．

　日付を数字だけで表記するときはピリオドで日と月を区切る：26.1.2016. ハイフン，スラッシュで区切ることもある：26-1-2016, 26/2/2016. 年を下2桁だけで示すこともあるが，英語のようにアポストロフフィーは付けない：15.8.45. 月だけローマ数字で表す書式 (15-VIII-1945) もあるが，現在ではあまり用いられない．月・日が1桁の場合，前に0を書く書式は科学・技術分野や厳密さが要求される金融などの分野に限られる：02.04.1948. 科学・技術分野では年，月，日の順に数字を配列してハイフンで区切り，1桁の月・日には0を付ける ISO 方式の表記法も用いられる：2016-02-26.

　西暦紀元前 (antes de Jesucristo / Cristo) を示すためには，次の略号が用いられる：a. de J. C., a de C., a J. C., a. C. また，西暦紀元 (después de Jesucristo / Cristo) には次の略号を用いる：d. de J. C., d. de C., d. J. C., d. C. 例えば，660 a. de J. C., siglo III a. J. C. このほか，紀元前に a. n. e. (antes de nuestra era)，a. e. c. (antes de era común)，紀元後に n. e. (de nuestra era)，e. c. (de la era común) がまれに用いられることもある．

18.6. 世紀および年代

　既述のとおり，世紀を示すにはローマ数字が用いられる：siglo XIX (19世紀)．年代を示すには数詞(語)を用いるのがよいとされるが，数字も用いられる：los años treinta (30年代)，la década de los sesenta (60年代)，los años 80 (80年代)．この場合，数詞を英語式に複数にするのは誤りである：*los ochentas, *los 80s.

18.7. パーセンテージ

　パーセンテージ (porcentaje)，つまり百分比を示すには por ciento という表現または記号％を数値の後に置く．％の前にはスペースを入れる：15 por ciento, 15 %．なお，por cien という表現は100％の場合にのみ用いてよいとされ，特にスペインで使用される：cien por cien. しかし，イスパノアメリ

— 170 —

18. 数表現の正書法

カではでは ciento por ciento または cien por ciento を用いる．なお，1 ％は uno por ciento であり，*un por ciento にはならない．

パーセンテージが1桁の場合は数詞または数字どちらで表記してもよい．なお，通常パーセントには冠詞（文脈により男性の不定冠詞か単数定冠詞）が付く：un tres por ciento de la población（17 人口の3 ％），un 5 por ciento de los encuestados（アンケート回答者の5 ％）．2桁以上の場合は通常数字を用い，小数の場合および記号％を用いる場合はかならず数字を用いる：un 35 por ciento de los ejemplos（例の35％），el 6,5 ％（6.5％）．

— 171 —

音声記号対照表

母音

IPA	ARFE	分類	本文ページ
i	i	非円唇前舌挟母音	25
e	ẹ	非円唇前舌半狭母音	25
ɛ	ę	非円唇前舌半広母音	25, 28, 30
a	a	非円唇中舌広母音	26
ɔ	ǫ	円唇後舌半狭母音	27, 28, 30
o	ọ	円唇後舌半広母音	26
u	u	円唇後舌挟母音	27

子音

IPA	ARFE	分類	本文ページ
p	p	無声両唇閉鎖音	44
b	b	有声両唇閉鎖音	45
t	t	無声歯閉鎖音	46
d	d	有声歯閉鎖音	47
k	k	無声軟口蓋閉鎖音	48
g	g	有声軟口蓋閉鎖音	48
ɸ	φ	無声両唇摩擦音	49
β	ƀ	有声両唇摩擦音	45
f	f	無声唇歯摩擦音	49
v	v	有声唇歯摩擦音	46
θ	θ	無声歯間摩擦音	50
θ̬	ʐ	有声歯間摩擦音	50
ð	đ	有声歯摩擦音	47
s̪	ṡ	無声舌尖歯茎摩擦音	51
z̪	ż	有声舌尖歯茎摩擦音	52
s̻	ṣ	無声前部舌背歯摩擦音	51
z̻	ẓ	有声前部舌背歯摩擦音	—

音声記号対照表

IPA	ARFE	分類	本文ページ
ʃ	š	無声後部歯茎摩擦音	53, 55
ʒ	ž	有声後部歯茎摩擦音	53
ç	ẙ	無声硬口蓋摩擦音	55
ʝ	y	有声硬口蓋摩擦音	52, 57
x	x	無声軟口蓋摩擦音	54
ɣ	ḡ	有声軟口蓋摩擦音	48
h	h	無声声門摩擦音	52, 54
t͡ʃ	ĉ	無声後部歯茎破擦音	55
d͡ʒ	ǧ	有声後部歯茎破擦音	53, 58
d͡ʝ	ŷ	有声硬口蓋破擦音	52
m	m	有声両唇鼻音	58, 59
n	n	有声歯茎鼻音	58
ɲ	ņ	有声硬口蓋鼻音	60
l	l	有声歯茎側面接近音	56
ʎ	ḷ	有声硬口蓋側面接近音	57
ɾ	r	有声歯茎はじき音	60
r	r̄	有声歯茎ふるえ音	61
j	j	有声硬口蓋接近音	32, 54
w	w	有声軟口蓋接近音	32

＊RAE (2011) および Lapesa (1981) を参照した．なお，ARFE 方式は使用する著者により用法に多少の相違が見られる．

参 考 文 献

Alarcos Llorach, Emilio, 1968, *Fonologia española*, 4.ª ed., Madrid: Editorial Gredos.

Canellada, Ma. Joseph, John Kuhl y Mann Madsen, 1987, *Pronunciación del español: lengua hablada y literaria*, Madrid: Editorial Castalia.

Carr, Philip, 2002, 『英語音声学音韻論入門』, 竹林滋・清水あつ子 (訳), (研究社).

Dalbor, John B., 1969, *Spanish Pronunciation: Theory and Practice*, New York: Holt, Rinehart and Winston.

出口厚実, 1997, 『スペイン語学入門』, (大学書林).

D'Intorno, Francesco, Enrique del Teso y Rosemary Weston, 1995, *Fonética y fonología actual del español*, Madrid: Cátedra.

Gil Fernández, Juana, 1988, *Los sonidos del lenguaje*, Madrid: Editorial Síntesis.

―――――, 2007, *Fonética para profesores de español: de la teoría a la práctica*, Manuales de formación de profesores 2/L, Madrid: Arco / Libros.

Gili Gaya, Samuel, 1971 *Elementos de fonética general*, 5.ª ed., Madrid: Gredos.

Hidalgo Navarro, Antonio y Mercedes Quilis Merín, 2012, *La voz del lenguaje: Fonética y fonología del español*, Valencia: Tirant Humanidades.

Iribarren, Mary C., 2005, *Fonética y fonología españolas*, Madrid: Editorial Síntesis,

鹿島央, 2002, 『日本語教育をめざす人のための基礎から学ぶ音声学』, (スリーエーネットワーク).

風間喜代三他, 1993, 『言語学』, (東京大学出版会).

国際交流基金, 2009, 『日本語を教える』, 日本語教授法シリーズ第2巻, (ひつじ書房).

国際音声学会 (編), 2003, 『国際音声記号ガイドブック―国際音声学会案内―』, 竹林滋・神山孝夫 (訳), (大修館書店).

窪薗晴夫, 1999, 『日本語の音声』現代言語学入門2, (岩波書店).

Ladefoged, Peter (P. ラディフォギッド), 1976, 『音響音声学入門』, 佐久間章 (訳), (大修館書店).

―――――, 1982, *A Course in Phonetics*, 2nd. ed., San Diego: Harcourt Brace Jovanovich. (ピーター・ラディフォギッド, 1999, 『音声学概説』[3d. ed. 訳], 竹林滋・牧野武彦 (訳), (大修館書店)

Lapesa, Rafael, 1981, *Historia de la lengua española*, 9.ª ed., Madrid: Editorial Gredos.

Malmberg, Bertil (ベルティル・マルンベリ), 2013, 『音声学 (改訂新版)』大橋保夫 (訳), 文庫クセジュ, (白水社).

Martínez de Celdrán y Ana M. Fernández Planas, 2007, *Manual de fonética española; Articulaciones y sonidos del español*, Barcelona: Ariel.

参 考 文 献

Navarro Tomás, Tomás, 1971, *Manual de pronunciación española*, Madrid, 16.ª ed., Madrid: CSIC.

————, 1974, *Manual de entonación española*, Madrid: Ediciones Guadarrama.

Quilis, Antonio, 1988, *Fonética acústica de la lengua española*, Madrid: Editorial Gredos.

————, 1997, *Principios de fonología y fonética española*, Madrid: Arco Libros.

———— y Joseph A. Fernández, 1969, *Curso de fonética y fonología españolas para estudiantes angloamericanos*, 4.ª ed., Madrid: Instituto Miguel de Cervantes.

Real Academia Española [RAE], 2000, *Ortografía de la lengua española*, Madrid: Espasa Calpe.

————, 2005, *Diccionario panhispánico de dudas*, Madrid: Santillana Ediciones.

————, 2010, *Ortografía de la lengua española*, Madrid: Espasa Libros.

————, 2010, *Nueva gramática de la lengua española, Manual*, Madrid: Espasa Libros.

————, 2011, *Nueva gramática de la lengua española; Fonética y fonología*, Barcelona: Espasa Libros.

————, 2013, *El buen uso del español*, México, D.F.: Planeta Mexicana.

————, 2014, *Diccionario de la lengua española*, 23.ª ed., Barcelona: Espasa Libros.

齋藤純男，2014，『日本語音声学入門〔改訂版〕』，（三省堂）．

Schubiger, Maria，（M. シュービゲル），1973，『音声学入門』小泉保（訳），（大修館書店）．

Sosa, Juan Manuel, 1999, *La entonación del español: su estructura fonética, variabilidad y dialectología*, Madrid: Cátedra.

田窪行則他，1998，『音声』岩波講座言語の科学２，（岩波書店）．

竹林滋，1982，『英語音声学入門』，（大修館書店）．

寺﨑英樹，2011，『スペイン語史』，（大学書林）．

用 語 索 引

あ

R音　rótica		40
R音化　rotacismo		56
アクセント　acento		75
アクセント記号　acento gráfico /		
ortográfico, tilde		119, 126
アクセント句　grupo acentual		80
アクセント等時性		
isocronía acentual		86
アメリカ・スペイン語		
español americano		43
アラビア数字　numeración arábiga		
		165
アルファベット　alfabeto, abecedario		
		101
アルフォンソ正書法		
ortografía alfonsí		98
ARFE　Alfabeto fonético de la RFE		
		10

い

異音　alófono, variante		15
一時休止　pausa temporal		91
イベロロマンス語　iberorrománico		64
韻脚　pie métrico		83
咽頭　faringe		6
咽頭音　faríngea		41
咽頭腔　cavidad faríngea		4, 6
引用符　comillas		127, 133
韻律的特徴　rasgo prosódico		75
韻律論　prosodia		4

え

鋭アクセント記号　acento agudo		
		100, 119, 121
S音化（セセオ）　seseo		42, 51
S音化体系　sistema de seseo		
		42, 52, 105
L音化（側面音化）　lambdacismo		61
円唇母音　vocal redondeada		21

お

欧州スペイン語　español europeo		43
大文字　mayúscula		137
音の大きさ　sonía		8
音の強さ　intensidad		8, 76
音韻論　fonología		2
音群　grupo fónico		89
音声　sonido		2
音声学　fonética		2, 3
音声器官　aparato fonador		4
音声表記　transcripción fonética		10
音節　sílaba		65
音節韻部　rima silábica		66
音節核部　núcleo, cumbre, centro		
		66, 67
音節境界　límite silábico,		
frontera silábica		66, 72
音節区分　silabación		72
音節主母音　vocal silábica		31
音節等時性　isocronía silábica		86
音節頭部　inicio, ataque, cabeza		
		66, 67

— 176 —

用語索引

音節尾部　coda　66, 69
音節副音　vocal no silábica　31
音節文字　silabario　96
音素　fonema　14
音調（イントネーション）
　entonación　89
音調素　tonema　90
音調素前部　pretonema　90
音波　onda sonora　8

か

開音節　sílaba abierta / libre　67
外破位置　posición explosiva　66
外名　exónomo　158
外来語　extranjerismo　152
角括弧　corchetes　127, 131
学識語　cultismo　68, 155
学術記号　símbolo científico-técnico
　150
下降調　descendente　90, 91
感嘆符　signos de exclamación
　127, 134
慣用句　locución　142
簡略表記　transcripción ancha　11

き

基音　fundamental, Fo　9
気音　aspirada　54
気音化　aspiración　52
気音の h　H aspirada　111
聞こえ度　sonoridad　65
基数詞　numeral cardinal　161
機能語　palabra funcional　80
基本周波数　frecuencia fundamental　9
基本母音　vocales cardinales　22

疑問符　signos de interrogación
　127, 134
吸着音　clic　2
強勢アクセント　acento de intensidad
　75
強勢音節　sílaba fuerte / tónica　75
強勢語　palabra acentuada　80
狭母音　vocal cerrada　21
共鳴音　sonante　16, 38
曲アクセント記号
　acento circunflejo　121

く

唇　labios　4, 7
句読記号　signo de puntuación　126

け

桁区切り記号　separador de millares
　164
言語音　sonido del habla, fono　2

こ

語アクセント
　acento léxico / de palabra　77
口音　oral　7
口蓋化　palatalización　47
口蓋垂　úvula　4, 7
口蓋垂音　uvular　41
口蓋帆　velo del paladar　4, 7
口腔　cavidad oral　4, 7
硬口蓋　paladar duro　4, 7
硬口蓋音　palatal　41
後舌母音　vocal posterior　21
後舌面　postdorso　4, 7
喉頭　laringe　4, 5
後部歯茎音　postalveolar　40

— 177 —

用語索引

口母音　vocal oral	36
広母音　vocal abierta	21
高母音　vocal alta	21
声　voz	6
呼気　espiración	5
国際音声字母　Alfabeto Fonético	
Internacional, AFI, IPA	10
固定アクセント　acento fijo	76
語頭音消失　aféresis	68
語頭音添加　prótesis	69
語末音消失　apócope	69
語末音添加　paragoge	69
小文字　minúscula	137
固有名　denominación propia	137
コロン　dos puntos	127, 130
コンマ　coma	127

さ

再音節化　resilabación, resilabeo	74
三重母音　triptongo	34

し

子音　consonante	16, 38
子音群　grupo consonántico	67, 113
C音化（セセオ）　ceceo	52
歯音　dental	40
歯間音　interdental	40
識別記号　signos diacríticos	126
識別的アクセント記号	
acento / tilde diacrítico	121
歯茎　alvéolos	4, 7
歯茎音　alveolar	40
歯擦音化　asibilación	61, 62
持続時間　duración	8
舌　lengua	4, 7

借用語　préstamo lingüístico	152
重アクセント記号　acento grave	
	84, 100, 121
自由アクセント　acento libre	76
自由異音　variante libre	15
終止符（ピリオド）　punto	127
周波数　frecuencia	8
周辺母音　vocal satélite / marginal	31
重母音　vocal doble	35
終末休止　pausa terminal	91
条件異音（結合異音）	
variante combinatoria	15
上昇調　ascendente	90, 91
小数　número decimal	165
小数点　separador decimal	165
書記体系　sistema gráfico	103
序数詞　numeral ordinal	162
自立分節音韻論	
fonología autosegmental	93
唇歯音　labiodental	40
振幅　amplitud	8
人名　antropónimo	157

す

数詞　numeral	161
数字　cifra	161
数表現　expresiones numéricas	161

せ

正書法　ortografía	96
正書法記号　signos ortográficos	126
生成音韻論　fonología generativa	19
声帯　cuerdas vocales	4, 5
声帯の活動	
actividad de las cuerdas vocales	38

— 178 —

用語索引

声道　tracto vocal　7
精密表記　transcripción estrecha　11
声門　glotis　5
声門音　glotal　41
声門下腔　cavidades infraglóticas　4
声門上腔　cavidades supraglóticas　4
声門部　zona glótica　4
接近音　aproximante　39
接語　clítico　144
舌根　raíz lingual　4, 7
舌尖　ápice, ápex　4, 7
舌頂　corona　7
接頭辞　prefijo　144
セミコロン　punto y coma　127, 129
前舌母音　vocal anterior　21
前舌面　predorso　4, 7
顫動音　vibrante　39

そ

挿入母音的要素
　elemento esvarabático　68
相補分布
　distribución complementaria　14
阻害音　obstruyente　16, 38
側面接近音　aproximante lateral　39
そり舌音　retroflejo　41

た

第1アクセント　acento primario　84
帯気音化　aspiración　49
第2アクセント　acento secundario
　　84
多音節語　palabra polisílaba　119
高さアクセント　acento tónico　75
卓立　prominencia　75

ダッシュ　raya　127, 131
単音　sonido, segmento　3
単音節語　palabra monosílaba　119
短母音　vocal breve　36

ち

地名　topónimo　158
中舌母音　vocal central　21
中舌面　mediodorso　4, 7
中断符（リーダー）
　puntos suspensivos　127, 134
中母音　vocal media　21
調音　articulación　5
調音域　zona de articulación　18, 40
調音器官　órganos articulatorios　7
調音体　articulador　7
調音法　modo de articulación　18, 38
重複子音
　consonante geminada / doble　73
超分節要素
　elemento suprasegmental　4
長母音　vocal larga　35, 36

つ

綴り字　grafía　96

て

低母音　vocal baja　21
転写　transcripción　152

と

統語的アクセント　acento sintáctico
　　77
頭字語　sigla　148

な

内破位置　posición implosiva　66
内名　endónomo　158

— 179 —

用語索引

内容語　palabra plena	80
軟口蓋　paladar blando	4, 7
軟口蓋音　velar	41
南部方言　dialectos meridionales	43

に

二重アクセント語	
palabra con doble acentuación	78
二重字　dígrafo	102
二重母音　diptongo	31

ね

音色　timbre	9

は

パーセンテージ（百分比）	
porcentaje	170
倍音　armónico	9
倍数詞　numeral multiplicativo	163
破擦音　africada	39
はじき音　percusiva	39
発声　fonación	5, 38
半狭母音　vocal semicerrada	21
半広母音　vocal semiabierta	23
半子音　semiconsonante	32
半母音　semivocal	32

ひ

非円唇母音　vocal no redondeada	21
鼻音　nasal	7, 39
鼻腔　cavidad nasal	4, 7
ピッチ　tono	8
鼻母音　vocal nasal	36
表音文字　fonograma	96
表記法　escritura	96
表語文字　logograma	96

ふ

複合形式　forma compuesta	142
複合語　palabra compuesta,	
compuesto	141
ふるえ音　vibrante	39
文アクセント　acento oracional	77
分音符　diéresis, crema	126
分数　fracción	162
分数詞　numeral fraccionario /	
partitivo	162

へ

閉音節　sílaba cerrada / trabada	67
閉鎖音　oclusiva	38
平板調　suspensivo, nivelado	90, 92
併用公用語　lengua cooficial	156
弁別素性（示差特徴）　rasgo distintivo	
	16

ほ

母音　vocal	16, 20
母音弱化　reducción vocálica	87
母音接続　hiato	30
母音挿入　anaptixis	68
母音融合　sinalefa	74
母音連続　secuencia vocal	30
北部体系　sistema norteño	42
北部方言　dialectos septentrionales	43
補助記号　signos auxiliares	126, 135
翻字　transliteración	152

ま

前歯　dientes superiores	4, 7
摩擦音　fricativa	39
摩擦的噪音　rehilado	53
末尾音節強勢語　aguda, oxítona	77

— 180 —

用語索引

末尾第3音節強勢語
　esdrújula, proparoxítona　　78
末尾第2音節強勢語
　llana, paroxítona　　77
末尾第4音節強勢語
　sobresdrújula, superproparoxítona　78
丸括弧　paréntesis　　127, 130

む

無強勢音節　sílaba débil / átona　　75
無強勢語　palabra inacentuada　　80
無声音　sonido sordo　　5, 16, 38
無声化　devocalización　　29

も

モーラ　mora　　87
モーラ等時性　isocronía moraica　　87
黙音の h　H muda　　110
文字　letra　　101
文字素　grafema　　103

文字単位　unidad gráfica　　103

ゆ

有声音　sonido sonoro　　6, 16, 38

ら

ラテン語借用語　latinismo　　107, 155

り

リズム　ritmo　　86
略語　abreviación　　146
略号　abreviatura　　146
流音　líquida　　40
両唇音　bilabial　　40

れ

連辞　sintagma　　77

ろ

ローマ数字　numeración romana　　166

わ

Y 音化（イェイスモ）　yeísmo
　　　　　　　　　　42, 57, 105

著者紹介

寺﨑 英樹 ［てらさき・ひでき］

東京外国語大学名誉教授（スペイン語学，ロマンス語学）

目録進呈　落丁本・乱丁本はお取替えいたします。

平成 29 年 9 月 30 日　　Ⓒ 第 1 版発行

〈スペイン語文法シリーズ〉1
発音・文字

著　者　寺﨑英樹

発行者　佐藤政人

発行所
株式会社　大学書林
東京都文京区小石川 4 丁目 7 番 4 号
振替口座　　00120-8-43740
電話　(03)3812-6281 〜 3 番
郵便番号　112-0002

ISBN978-4-475-01627-8　　ロガータ・横山印刷・常川製本

大学書林
スペイン語参考書

寺﨑英樹 著	スペイン語史	A 5 判	340 頁
寺﨑英樹 著	スペイン語文法の構造	A 5 判	256 頁
笠井鎭夫 著	スペイン語四週間	B 6 判	420 頁
笠井鎭夫 著	基礎スペイン語	B 6 判	248 頁
宮本博司 著	初歩のスペイン語	A 5 判	280 頁
宮本博司 著	超入門スペイン語	A 5 判	168 頁
宮城 昇 著	スペイン文法入門	B 6 判	216 頁
出口厚実 著	スペイン語学入門	A 5 判	198 頁
中岡省治 著	中世スペイン語入門	A 5 判	232 頁
三好準之助 編	簡約スペイン語辞典	新書判	890 頁
宮本博司 編	スペイン語常用 6000 語	新書判	384 頁
宮本博司 著	スペイン語分類単語集	新書判	320 頁
岡田辰雄 著	やさしいスペイン語の作文	B 6 判	260 頁
笠井鎭夫 著	スペイン語手紙の書き方	B 6 判	210 頁
笠井鎭夫 著	実用スペイン語会話	新書判	220 頁
瓜谷 望 編 アウロラ・ベルエタ	スペイン語会話練習帳	新書判	176 頁
水谷 清 著	英語対照スペイン語会話	B 6 判	172 頁
瓜谷良平 著	スペイン語動詞変化表	新書判	140 頁
山崎信三 フェリペ・カルバホ 著	スペイン語ことわざ用法辞典	B 6 判	280 頁
青島郁代 著	会話で覚えるスペイン語文法用例集	A 5 判	184 頁
三好準之助 著	概説アメリカ・スペイン語	A 5 判	232 頁

— 目 録 進 呈 —

大学書林
語学参考書

永田寛定 監修 渡辺通訓 編	スペイン語小辞典	ポケット判	468 頁
瓜谷・柳沢・桑原 編	カナ発音西和小辞典	ポケット判	608 頁
瓜谷良平 監修 編集部 編	イラスト入りスペイン語辞典	新書判変形	820 頁
瓜谷良平 監修 宮本博司 編	現代和西辞典	新書判	736 頁
永田寛定 監修 田井佳太郎 編	和西大辞典	Ａ5判	1480 頁
永田寛定 監修 田井佳太郎 編	和西中辞典	新書判変形	770 頁
永田寛定 監修 田井佳太郎 編	和西小辞典	ポケット判	380 頁
永田寛定 監修 渡辺・田井 編	西和・和西辞典(合本)	ポケット判	788 頁
永田寛定 監修 渡辺・田井 編	西和・和西辞典(混合)	ポケット判	480 頁
神保充美 著	仕事に役立つスペイン語	Ｂ6判	200 頁
瓜谷良平 著	スペイン語絵はがき通信	Ｂ6判	152 頁
笠井鎭夫閲 森本林平 著	英語からスペイン語へ	Ｂ6判	308 頁
中山直次 訳注	スペイン短編逍遙	Ｂ6判	152 頁
飯野昭夫 編著	フラメンコ詩選	Ｂ6判	168 頁
橋本一郎 訳注	ルカノール伯爵	Ｂ6判	264 頁
橋本一郎 訳注	アレクサンドロスの書 アポロニオの書	Ｂ6判	181 頁
ローペ・デ・ベーガ 岩根圀和 訳注	復讐なき罰	Ｂ6判	216 頁
カストロ 岩根圀和 訳注	シドの青春時代	Ｂ6判	232 頁
セルバンテス 岩根圀和 訳注	ヌマンシア	Ｂ6判	208 頁

― 目 録 進 呈 ―

大学書林

語学辞典

古川晴風 編著	ギリシャ語辞典	A5判	1330頁
國原吉之助 著	古典ラテン語辞典（改訂増補版）	A5判	976頁
田澤　耕 編著	カタルーニャ語辞典	A5判	1080頁
田澤　耕 著	日本語カタルーニャ語辞典	A5判	936頁
朝倉純孝 著	オランダ語辞典	A5判	1200頁
児玉仁士 編	フリジア語辞典	A5判	1136頁
直野　敦 著	ルーマニア語辞典	A5判	544頁
小島謙一 編著	古英語辞典	A5判	1544頁
古賀允洋 編	中高ドイツ語辞典	A5判	784頁
上田和夫 著	イディッシュ語辞典	A5判	1328頁
松本緑彌 著	ブルガリア語辞典	A5判	746頁
三谷惠子 著	ソルブ語辞典	A5判	868頁
森田貞雄 監修 福井・家村・下宮 編著	現代デンマーク語辞典	A5判	1520頁
尾崎義・他 著	スウェーデン語辞典	A5判	640頁
古城健志 松下正三 編著	ノルウェー語辞典	A5判	848頁
荻島　崇 著	フィンランド語辞典	A5判	936頁
前田真理子 醍醐文子 編著	アイルランド・ゲール語辞典	A5判	784頁
千種眞一 編著	古典アルメニア語辞典	A5判	792頁
半田一郎 編著	琉球語辞典	A5判	1008頁

—目録進呈—